(289)

CATALOGUE

DES

ESTAMPES

PORTRAITS CHOISIS

POUR ILLUSTRATIONS

Fleurons, Entêtes et Fins de pages

SUITES COMPLÈTES DE VIGNETTES

RÉUNIES

PAR M. DURAND JEUNE, LIBRAIRE

Vente du Lundi 16 au Samedi 21 Mai 1870

PREMIÈRE PARTIE

Mᵉ DELBERGUE-CORMONT	M. VIGNÈRES
COMMISSAIRE-PRISEUR	MARCHAND D'ESTAMPES

PARIS — 1870

1944 . 25
2893 . 75
3226 . 25
3736 .
3886 .
8054

23,740 . 25

(289c)

CATALOGUE

DES

ESTAMPES

ANCIENNES ET MODERNES

ÉCOLE DU XVIIIe SIÈCLE, LITHOGRAPHIES

Caricatures, Costumes, Vues, Pièces historiques

PORTRAITS POUR ILLUSTRATIONS

CLASSÉS PAR GRAVEURS, NOMS ET PROFESSION

VIGNETTES, FLEURONS, ENTÊTES, TITRES ET FINS DE PAGES

PAR ET D'APRÈS

Choffard, Cochin, Eisen, Gravelot, Marillier, Moreau le jeune et autres

SUITES COMPLÈTES DE VIGNETTES

POUR LES ŒUVRES

DES CLASSIQUES FRANÇAIS ET ÉTRANGERS

Réunies par M. DURAND jeune, libraire

(Première partie)

DONT LA VENTE AURA LIEU

HOTEL DES COMMISSAIRES-PRISEURS

RUE DROUOT, 5, SALLE N° 4

AU PREMIER ÉTAGE

Du Lundi 16 au Samedi 21 Mai 1870

A UNE HEURE PRÉCISE

Me **DELBERGUE-CORMONT**, Commissaire-Priseur,
rue de Provence, 8,
Assisté de **M. VIGNÈRES**, Marchand d'Estampes,
rue de la Monnaie, 13, à l'entresol,
CHEZ LEQUEL SE DISTRIBUE LE CATALOGUE.

PARIS 1870

Don S. de Ricci

CONDITIONS DE LA VENTE

L'ordre du Catalogue sera suivi.

Un ordre régulier de vacations était difficile, vu le nombre de numéros contenant plusieurs lots.

Il sera vendu par jour de 200 à 250 lots.

Elle sera faite au comptant.

Les Acquéreurs paieront CINQ pour CENT, en sus des enchères applicables aux frais de vente.

M. VIGNÈRES, dirigeant la Vente, se charge des Commissions.

NOTA. Toute commission, sans prix fixé ou sans limite déterminée, sera regardée comme nulle.

M. VIGNÈRES se charge de faire marquer les prix aux Catalogues des ventes qu'il a faites. Les personnes qui le désirent peuvent s'adresser à lui *franco*.

Plusieurs Amateurs éloignés en ont reconnu l'utilité pour les guider dans leurs achats sur les valeurs des Estampes.

Les Catalogues des Ventes à faire seront envoyés aux personnes qui en feront la demande *affranchie*.

AVIS. — Nous prions MM. les Amateurs éloignés de ne pas attendre au dernier jour, pour que les lettres arrivent le matin de la Vente: ils comprendront que quelques lettres peuvent se lire, mais de 20 à 50 lettres, c'est difficile.

Choix de Catalogues avec prix marqués.

M. VIGNÉRES se charge des commissions dans les ventes de Livres et Estampes autres que les siennes.

M. DURAND jeune, très-connu depuis cinquante ans pour la spécialité d'illustrer des livres, trouvant que le temps est venu de se reposer, se décide à livrer aux hasards des enchères ce qu'il a su réunir avec tant de persévérance.

Il était la Providence des illustrateurs et des illustrations. Voulait-on une suite de vignettes rares introuvables? Allons chez Durand. Une figure manquant à une suite incomplète? Allons chez Durand. Une réunion de portraits pour joindre aux lettres de Mme de Sévigné, aux éditions des Mémoires de Saint-Simon ou de Tallemant-des-Réaux? Allons chez Durand. Un portrait rare, une belle épreuve de Ficquet ou de Savart avant la lettre pour mettre en tête d'un La Fontaine, d'un Molière, d'un Régnard ou autres classiques? Toujours, allons chez Durand : c'était l'homme universel. Combien de bibliothèques illustrées ont été formées par lui.

Dans ce Catalogue, il y a de quoi satisfaire la généralité des Amateurs d'estampes. Outre l'*Illustration*, les caricatures anciennes et modernes, les costumes, les vues, même les sujets gracieux du XVIIIe siècle, trouvaient asile dans ce conservatoire des arts.

Cette vente est une belle occasion pour les Amateurs de vignettes, lorsque ces suites, recueillies depuis si longtemps et avec tant de soins et de difficultés, seront disséminées. Il sera presque impossible de rencontrer de quoi orner les livres.

Nous prévenons MM. les Amateurs que cette première partie est la plus belle et la plus importante.

VIGNÈRES.

Le peu de temps que nous avons eu pour rédiger ce Catalogue, ne nous a pas permis de nous étendre davantage.

Tout est généralement très-beau, et nous avons omis bien des qualifications.

DÉSIGNATION

ESTAMPES ANCIENNES ET MODERNES

ÉCOLE DU XVIIIe SIÈCLE, LITHOGRAPHIES, COSTUMES, CARICATURES, VUES ET PIÈCES HISTORIQUES

1 **A. D.** Costumes de femmes de 1801 à 1830. 20 p. in-4 coloriées.

2 **Anonyme.** Jeune Dame faisant jouer son chat avec sa jarretière. Jolie pièce au trait.

3 — La Chercheuse de puces, rond en couleur.

4 — La Perte irréparable. In-4.

5 — L'Entrée en garnison. — La Sortie de garnison. 2 p. coloriées.

6 — en couleur. Amants avec un chien. — Amants avec un chat. 2 petits ronds.

7 — L'Amour enchaîné par les Grâces. — Les Grâces enchaînées par l'Amour. 2 p. ovales d'ap. Huet?

8 **Albane** (D'ap.). Toilette de Vénus, Vénus et Adonis et autres, Scènes de Psyché d'après *Nattier*. 11 p.

9 **Alberti**, 1829. Vénus s'éveillant? Vénus qui dort? 2 belles lithographies avant la lettre. grand in-fol. chine, rares.

10 **Amman** (Josse). Maximilien II. Grande allégorie religieuse en 2 feuilles non jointes, 1571.

11 **Anderloni.** Madeleine pénitente, d'après *Corrége*. Très-belle ép. toute marge.

12 **Babel** *del. et sculp.* Fontaines avec sujets dans des ornements rocailles. 5 p.

13 **Bacheley.** Vue du port de Rouen; grand portail de l'Église métropolitaine par *Chateau*, côté du septentrion; Élévation de la douane; Levée de la Fierte par le prisonnier le jour de l'Ascension. 5 p.

14 **Bacler d'Albe.** Vues diverses. 23 p. lithograph.

15 **Banzo.** La ville de Rome offrant ses clefs au pape Pie VII. Grand in-fol. d'ap. *Manno*.

16 **Barbé** (J.-B.). Portraits des Apôtres et Évangélistes. Cahier de 18 p. in-8 avec marges.

17 **Bartolozzi.** Charmants billets de bals et de concerts, avec figures allégoriques, groupes d'enfants, Triomphe de Vénus. Petites pièces: Surprise au bain, l'Amour et Psyché et autres. 21 p.

18 **Bause.** Lucinde, Rosetta, Artémise, etc. 6 p.

19 **Beauvarlet.** Actéon métamorphosé en cerf, d'ap. Rottenhamer.

20 **Beham** (Séb.). Petits Danseurs de noces. 171, 172, 173, 182, 184. 5 p. belles ép.

21 — Noces de village. 154, 157, 159, 161, 163, 165. 6 p. très-belles ép.

22 — Dialectica 122, Geometria 126, Fortuna 140, et Hercule 100. 4 p. belles ép.

23 **Beljambe.** Ah ! si je te tenais. — Je t'en ratisse. 3 p. d'ap. Danloux.

24 **Berger.** Die Ghebern. Les princes et princesses de Bruhl et Radziwill figurant les personnages du roman. 8 p. petit in-fol.

25 **Bidauld** *del.* 1789 *et sculp.* 1812. Vue de Lyon, grand in-fol. à l'eau-forte. Très-belle ép. chine.

26 **Blooteling.** Buveurs et Fumeurs, d'après *Bega*, etc. 6 p. manière noire glomisées.

27 **Boilly** (D'ap.). La Dispute de la rose. — La Rose prise. 2 jolies compositions.

28 **Bonnart** et autres. Mme la duchesse d'Humières, Dame prenant le frais, la Toilette, le Concert, etc., et Costumes de Bosse. 15 p.

29 **Both.** Paysages à l'eau-forte. Cahier de 10 p.

30 **Boucher** (D'ap.). L'Agaçante, le Puits, l'Oiseau privé et autres. 9 p.

31 — L'Hiver, la Terre par *Duflos*, les Amours en gaieté par *Daullé*. 3 sujets d'enfants.

32 — La Fontaine, le Nid, la bonne Aventure. 3 p.

33 — L'Air, le Feu, la Terre, 3 ovales équarris en hauteur. Sujets d'enfants par *Daullé*.

34 — La Courtisane amoureuse, par *De Larmessin*, Très-belle ép. marge,

35 **Bounieu** (D'après). Le Messager d'amour. Belle ép.

36 **Bovinet.** Départ du roi, 19 mars. — Retour de Bonaparte, 20 mars 1815. 2 p. petit in-fol. Marge.

37 **Breon** (Chez). Le Matin, le Midi, le Soir, la Nuit. 4 petites pièces ovales équarries. Sujets gracieux, sanguine. L'Attention dangereuse. Personne ne me voit, colorié. 6 p.

38 **Breughel** (D'ap.). Patientia, la Danse des fous, le bon Pasteur, le Bal de noce. 4 p. pittoresques et drolatiques.

39 **Caldwall.** Immortality of Garrick. Allégorie, grand in-fol.

40 **Callot.** Misères de la guerre, Martyres des Apôtres, Paysages, etc. 58 p. par et d'après.

41 **Caresme** (D'ap.). Le Satyre impatient, par *Anselin.*

42 — Les Plaisirs bachiques, aux trois crayons. *Bonnet direxit.* Belle ép.

43 **Caricatures** anglaises sur Fox, Pitt et autres. 42 p., la plupart coloriées.

44 — du Charivari, par Gavarni, Daumier, Beaumont, Vernier, etc. 184 ép. du Journal.

45 — par Cham, et autres, Actualités, etc. 54 p.

46 — du Charivari. 365 ép. du Journal. 2 lots.

47 Musée de la Caricature. 41 p.

48 **Charlet.** Premières pensées, pièces non terminées, Grenadier (117). R. Sujets d'enfants, Militaires, titres, etc. 54 p.

49 — (d'après). Vieux soldat se découvrant devant une statuette, par *Sixdeniers*, avant la lettre. Superbe ép.

50 **Chevillet.** Les Enfants réprimandés ? d'ap. *Peters.* Scène maternelle. Grand in-fol. en travers avant la lettre. Très-belle ép.

51 **Ciceri** (Eugène). Siége de Sébastopol, d'après Durand Brager. 12 p. in-fol. avec texte.

52 **Collaert** (H.). Pendeloques de riches ornements pour émailleurs. 3 p. très-belles, rares.

53 **Costumes** français à la mode et au théâtre, d'ap. *Desrais* et autres, réduits par *Nabholz*. 16 groupes sur une feuille.

54 **Costumes**. Le suprême bon Ton, Mlle Victoire offrant sa rose, Madame des trois États, la belle Sophie, etc. 12 p. coloriées époque Louis XVI.

55 — de femmes, d'ap. *Desrais* et autres. 26 p. coloriées.

56 — de Louis XVI. Dame de qualité, et autres anciens et modernes; Modes, etc. 44 p. coloriées.

57 — Orientaux, Espagnols et autres étrangers. 73 p.

Costumes turcs et grecs, lithog. couleur, rehaussés d'or. 8 feuilles à 2 sujets.

58 Costumes divers, de femmes, hommes, divers pays, religieux, etc. 76 p.

59 **Costumes** d'ordres religieux et Congrégations religieuses : les Bénédictines, Dominicaines, Carmélites, Dames de Saint-Cyr, les Templiers, les Chevaliers du Mont-Carmel et d'Alcantara, etc., etc. 774 pièces.

60 **Courtin** (D'ap.). Les deux Galants, etc. Pan et Syrinx. 2 p.

61 **Coypel**. Clitie changée en tournesol, Sujets de Don Quichotte. In-fol., etc. 11 p.

62 **Darcis.** La Force; Moi libre aussi, et autres têtes allégoriques, d'ap. Boizot, avant la lettre. Marge. 6 p.

63 **Defrey.** Leçon d'anatomie, Syndics de la Halle aux Draps. 2 p. d'ap. Rembrandt.

64 **Delaunay.** La Chute dangereuse, d'ap. Meyer. Très-belle.

65 **De Longueil.** Halte flamande, — le Cabaret flamand. 2 p. in-fol. d'ap. *Ostade.*

66 **Denon.** Sujets divers à l'eau-forte, d'après les maîtres, Portraits, etc. 36 p.

67 **Diacre.** Les Éléments. 4 p. petit in-fol. marge.

68 **Diaz** (D'ap.). 3 jolies compositions avant la lettre, chine.

69 **Ducis** (D'ap.). La Musique, la Peinture, la Poésie, la Sculpture. 4 p. sur chine, lettres grises.

70 — Les mêmes avec la lettre sur blanc. 4 p.

71 **Ducreux** (D'ap.). Le Bailleur, le Repas de nonnes, avant la lettre. 2 p.

72 **Duplessis** (D'ap.). Armide; Phaéton tragédie. 12 p.

73 **Duplessis-Bertault.** Tableaux de la Révolution et par *Girardet*, etc. 44 p.

74 **Dupuis.** La Toilette de nuit. Très-belle ép.

75 **Eaux-fortes** de Vien et d'ap. Rembrandt, Ch. Jacques et autres.

76 **École anglaise.** Sujets gracieux de femmes. Scènes familières, Enfants, etc. 26 p.

77 **École de Fontainebleau.** Les Femmes au bain. Grande pièce.

78 **École flamande.** De la galerie Le Brun et autres. 30 p.

79 **École italienne**, d'ap. *le Guide* et autres. 15 p.

80 **Eisen** le père (D'ap.). L'Amour en ribotte, par *Halbou.*

81 **Eisen** (D'ap.). Vignettes, titres blancs, fac-simile de dessins, etc. 35 p.

82 — Les Délices de la vie champêtre, Offrande à Vénus, le Serment à la mode, d'ap. *Desrais.* 3 p.

83 — Costumes de gardes de la prévôté, de la Manche, de la Porte, Cent-Suisses, etc. 6 p.

84 **Everdingen.** Paysages à l'eau-forte. 6 p.

85 **Fragonard.** Satyre portant une nymphe. Bas-relief.

86 — (D'ap.). L'Instant désiré, — le Baiser amoureux. 2 p.

87 — Les Jets d'eau. — Les Pétards, dirigé à droite et dirigé à gauche; les Amours l'entraînent, par *Saint-Non.* 4 p.

88 **Galerie de Florence.** 6 livraisons, 47e et 48e. 15 feuilles détachées, chine et blanc, Titres, Tables, etc.

89 **Galerie du Luxembourg.** Atala, Pierre le Grand et autres, choix des plus beaux sujets, la plupart sur chine et avant la lettre.

90 — Réunion d'eaux-fortes et différents degrés de travaux jusqu'à 4 états, sur chine et sur blanc. 75 p. rares et curieuses pour faire l'œuvre.

91 **Galerie du Palais-Royal**. Sujets mythologiques : les Grâces, Vénus et l'Amour, Toilette de Vénus, Mars et Vénus, Jugement de Pâris, le Bain de Diane, et Actéon, et Calisto, etc. 32 p. sujets gracieux, plusieurs à l'eau-forte et avant la lettre.

92 **Galerie de Versailles**, 47. Portraits, Sujets, Vues, Batailles chine et blanc, plus de 100 feuilles de texte illustrées, tables et listes des portraits et classements.

93 **Gatine** (D'ap.). Travestissements. 22 p. coloriées. Superbe collection avec marge.

94 — Costumes, Travestissements, 19 p. coloriées.

95 **Gavarni.** Caricatures, Scènes de mœurs. 12 p.

96 — Costumes divers, Caricatures, Sujets divers. 42 p. par et d'après.

97 **Gellée.** Daphnis et Chloé, d'ap. *Hersent*. Superbe ép. sur chine avant la lettre, marge.

98 **Gérard** (D'ap.). Le Départ, l'Arrivée, le Repos, etc. 6 sujets d'Amours gravés par *Potrelle*.

99 **Gérard** (D'ap. Mlle). La Rose? — La Lettre, d'ap. *Fournier*. 2 p. grand in-fol., superbes ép. avant la lettre.

100 **Girard.** La Bourgeoise économe, la Cuisinière rusée. 2 jolies petites pièces en couleur.

101 **Girard** *sc.* La Cadière et le P. Girard. 4 sujets, petit in-fol. Extrêmement rares.

102 **Girardet** (Ab. et C.). Scènes de la Révolution, Vignettes, la Création, Testament d'Eudamidas. 18 p.

103 **Girodet** (D'ap.). Héro et Léandre, Ariadne et Érigone, Dais. 7 p. — Naissance de Vénus, Psyché et autres, par divers. In-fol. 10 p.

104 **Goltzius** (D'ap.). Jésus, les Apôtres et Pères de l'Église. 18 portraits in-8. Moncornet ex., marge.

105 **Grandville.** Métamorphoses du jour 7, 8, 9, 21, 28, 31. 6 p. coloriées, superbes ép. 1er état; Grande course au clocher académique. 3 grandes p.; Grand enterrement du gros Constitutitutionnel, etc. En tout 13 p.

106 **Greuze** (D'ap.). La petite Mère, la jeune Nourrice. 2 jolies p. par *Moitte*, coloriées.

107 **Grimou** (D'ap.) Jeune Espagnolette, par *Blot*.

108 **Hollar**. Danse de la Mort, d'ap. *Holbein*. 8 p.

109 **Huet**. Arrestation et coupe des cheveux aux Filles de joie. Eau-forte avant la lettre, doublée.

110 — Animaux, petits sujets de Bergeries, le Serpent sous les fleurs, la feinte Résistance. 20 p.

111 **Huret**. Costumes de femmes. 22 p.

112 **Ingres** (D'ap. La Source, Angélique, Portrait de femme, Naissance de Vénus, d'ap. Cabanel, par *Flammeng*. 4 p.

113. **Jeaurat**. Le Savetier et le Financier, l'Amour et la Folie, l'Amour. 3 p.

114 — Pan et Syrinx, d'ap. *Mignard*. In-fol.

115 **Lafage** (D'ap.). Les Nymphes au bain, Diane et Endymion, Bacchanale, le Concert sur l'eau, etc. 8 p. in-fol.

116 **Lalaisse**. Vue de Venise à vol d'oiseau. In-fol.

117 **Leclerc**. Géométrie, Lettres, Namur, Titres et Vignettes de l'Histoire de Lorraine, etc. 69 p.

118 **Lepeintre.** La Tricherie reconnue. Jolie pièce.

119 **Leu** (Th. de). Les cinq Sens, les Dons de la crainte du Seigneur. En tout 12 p.

120 **Lithographies.** Mater dolorosa, Christ au tombeau, la Cène, etc. 10 p. grand in-fol.

121 — Par et d'après Boilly, Boulanger, Charlet, Decamp, Deveria, Grandville, Joliannot, Roqueplan, Vernet. 34 p.

122 — Et autres tirées de l'Artiste, etc. 74 p.

123 **Lucas.** Ivresse de Bacchus, d'ap. *Jordaens.* in-fol.

124 **Lucas de Leyde.** Adam et Ève chassés, Jésus et la Madeleine, Justicia, etc., d'ap. Durer. 7 p.

125 **Macret.** Couronnement de La Fontaine, par Esope, 1er état, dédié à M. le vicomte de Buissy; Le même, 2e état, titre changé. — Réception de Voltaire aux Champs Élysées. 3 p.

126 **Maile**, etc. Confiance, Femme de brigand, Regrets maternels, etc. 5 p.

127 **Mallet** et autres (D'ap.). Ayez pitié de moi, et autre scène d'amour, en couleur; le Lever, le Coucher, la Frileuse, le Bain, la Toilette, les Cartes, la Réussite, etc. 10 sujets gracieux de femmes nues. En tout 12 p.

128 **Martens** (D'ap.). Festin de Balthasar et autres. 3 réductions, ép. avant toute lettre.

129 **Martinet**, Pastorales, etc. 4 p.

130 **Massard**, 1772. Tête de la Dame de charité et la composition au-dessous, d'ap. *Greuze*. In-4, superbe ép., marge.

131 **Maurin.** Le Salon, la Mansarde. 2 jolies compositions, lithog. chine.

132 **Mixelle.** Le Coureur, le Valet de chambre, la Femme de chambre, le Coiffeur, Marchande à la toilette, Jardinier galant, le Modèle et autres, costumes gracieux. 12 p. in-4, toute marge.

133 — Histoire de la Grèce, faits mémorables; et autres de France, en bistre et en couleur. 25 p. in-4.

134 **Monnier** (Henri). Récréation, les six Quartiers de Paris et titres, les Tuileries, par Rubierre, d'ap. lui; ép. avant la lettre, chine. 14 p. dont 10 coloriées.

135 **Morret,** etc. Prise de La Rochelle et autres sujets historiques, en couleur. 9 p.

136 **Nattier** (D'ap.). Deux sujets de Vénus et l'Amour, par Lépicié. Belles ép., marge.

137 **Niquet.** Statues : Laocoon, Vénus, Apollon, etc. 8 p.

138 **Ornements.** Arabesken-Fries, von A. Schrodter, cahier de 7 feuilles d'arabesques ornées de figures, lithog. avec ton.

139 Ornements de diverses époques pour décorations. 18 feuilles, eaux-fortes avec ton, colorié.

140 Lettres illustrées, pour une Bible avec scènes bibliques, Genèse, Exode, Deutéronome, etc. 32 p., sup. ép. impr. sur 6 feuilles.

141 Titres de livres gravés par Chauveau, Morghen, Picart et autres. Titre-couverture de Keepsake, imp. sur satin, Copies de reliures. 54 p.

142 Ornements, Emblèmes, Entêtes de pages, Armoiries, Architecture, Cartouches blancs, etc. 85 p.

143 **Ozanne** (D'ap.). Combats maritimes, par *Dequévauviller*. 25 p. in-fol., très-belles ép., marge.

144 **Parizeau.** Sujets de l'Histoire ancienne, Sacrifice, Allégories, etc., d'ap. *Larue*. 23 p.

145 **Paroy** (Comte de). Dessus de Guéridon avec toutes les statues antiques. In-fol.

146 **Pas** (C. de). Planches tirées de Pluvinel, Traité d'équitation du roi Louis XIII. 43 p.

147 **Patas**. Planches tirées du sacre de Louis XVI. In-4, 9 p.

148 **Pater** (D'ap.). Pyramides d'ailes et de cuisses de poulet, par Lépicié. Superbe ép., marge.
— Pièces du Roman Comique. 5 p. in-fol.

149 **Petits-maîtres.** Aldegrever, I. B., C. B. Virgile Solis, etc. 12 p.

150 **Photographies**. Le Nègre musicien, scène d'Amérique, le Prisonnier, Italienne, etc. 4 p. avec passe-partout, prêtes à être encadrées.
— Portraits, Paysages, Vues de Paris. 17 p.

151 **Picart** (B.). L'Odorat, Retour du bain, etc. 4 petites pièces.
— Léda, Scènes religieuses des juifs Portugais, d'Augsbourg et autres. 18 p.

152 **Pièces drolatiques** et curieuses. La Gazette, le testament de Jeanne. 2 p., charges.

153 — Gros-Guillaume et Turlupin regardant passer la mariée.

154 — Le Maistre bouffon et les enfants désolés. Très-drolatique.

155 — Le Parnasse ridicule de la place Maubert ; le Retour de Gonesse. 2 p. curieuses.

156 — Raillerie d'un crieur de Pampelune, l'Escuyer à la mode, l'Escuyer Girard, l'Orgue humain. 4 p. drôles.

157 — Le Gras se sauvant des Maigres, l'Espoir de la fortune, la Mort avant la fortune, Danseurs, Baquet de Mesmer, le Carnaval, etc. 10 p.

158 **Pièces historiques.** Lit de justice de Louis XV, son Sacre à Reims, sur Henri IV, Histoire ancienne et autres. 70 p.

159 — François de Pâris, sa vie et les miracles opérés sur son tombeau, etc. 35 p.

160 — M. de Mongeron présentant son livre au roy. In-4.

161 — Fêtes et illuminations à Turin, en 1737. 14 p.

162 — Calendrier national, 1792, Déclaration des droits de l'homme, Plans divers de la Bastille. In-fol., 6 p.

163 — Jeux de la Révolution française, très-rare, de la Constitution Impériale de l'Aigle. 4 p.

164 — Sujets du règne de Louis XVI, Empire, Restauration, etc. 50 p.

165 — Le maréchal Ney dessiné d'ap. nature deux heures après sa mort, avec une sœur agenouillée. In-fol. avec ton, gravure anglaise anonyme.

166 — Fastes de la gloire, sujets militaires, in-4. 38 p.

167 — Scènes de 1830, 1848, Pompe funèbre du duc d'Orléans, Inondés de 1856, etc. 40 p. lithog. noir et couleur.

168 **Pigal.** Caricatures coloriées. 15 p.

169 **Pollard.** Easter Monday. 2 chasses couleur.

170 **Ponce.** Différents événements de la guerre de l'indépendance de l'Amérique, Prise de la Grenade, etc. 19 p.

171 **Poussin** (D'ap.). Fête à Bacchus, Bacchanale, Mort de Germanicus, Coriolan, Testament d'Eudamidas, par *De Marcenay*. 5 p.

172 **Prudhon** (D'ap.). La Justice et la Vengeance divine poursuivant le crime. Lith. in-fol., par *Marin Lavigne*, avant et avec la lettre, chine. 2 p.

173 **Rousonnette.** M. Guillaume, les Massacres et noyades ordonnées par les représentants du peuple, la Sainte-Chapelle. 3 p.

174 **Ridinger.** Animaux sauvages avec les pattes, les Pas. 23 p.

175 — Animaux de chasse, in-fol. en travers. 24 p.

176 — Fables, Animaux divers, Chasses au faucon. 32 p.

177 **Saint-Aubin** (D'ap. Gabriel de). Sujets in-4, pour l'histoire romaine. 37 p.

178 **Saint-Aubin.** Comptez sur mes serments, Au moins soyez discret. 2 p. in-4, probablement copies.

179 **Saint-Quentin** (D'ap.). La Coquette de village, par *Anselin*, ép. avant la lettre, remargée.

180 **Schall.** L'Exemple dangereux, la Grotte de l'Hymen, 2 p. in-fol., par *Chaponnier.*

181 — Le Bast, petit in-fol. Conte de La Fontaine.

182 **Scheffer** (Gabriel). Choix de costumes italiens, cahier de 16 p. in-8, coloriées. 7 exemplaires seront divisés.

183 **Scheffer** (D'ap.). Pauvre femme en couche, Regrets maternels et autres, par Divers. 4 p.

184 **Schmidt.** Groupe antique, le Satyre. Ép. sur chine non fixée.

185 **Sicardi** (D'ap.). Ne mange pas tout, et, pendant, l'Amour tenant des cœurs. 3 p. coloriées.

186 **Silvestre** (J.). Maison du grand prieur du Temple, la Sorbonne, Château de Madrid, Verneuil, etc., Chantilly. Chez Mariette. 20 p.

187 **Star** (Thierry van), dit le Maître à l'Étoile. Jésus tenté par le démon (B. 5). Rare.

188 **Stephanus.** Vénus et l'Amour, Arabesques, Latone, etc. 9 p.

189 **Titien** (D'ap.). Danaé, Vénus. In-fol., 2 p.

190 — Les mêmes, coloriées. 2 p.

191 **Trouvain.** La Famille de Lorraine en pied. In-fol. Très-rare.

192 — Les Appartements: 1, Jeu de boule; — 2e chambre : le grand Dauphin jouant aux cartes; — 4e, le Bal; — 5e, le Concert; — 6e, les Rafraîchissements. 5 p. in-fol., très-rares et très-recherchées pour les personnages historiques et les costumes.

193 **Wtenbrouck.** Agar et Ismaël dans le désert (B. 6), — Agar consolée par l'Ange (8), — Bethsabée (12), — la jeune Mère à genoux devant le vieillard (47). 4 p., belles ép. avec le nom.

194 **Vander Bruggen** (Chez). Femme de qualité sollicitant un juge. In-fol. Très-rare.

195 **Vauthier** (D'ap.). Le Matin, le Midi, le Soir et la Nuit, d'ap. *Van der Lyn*, quatre Bustes gracieux de femmes. Grand in-fol.

196 — Les Mêmes, coloriés. 4 p.

197 **Vernet** (D'ap. J.). Port de mer d'Italie, les Baigneuses, etc. 4 p., 2 collées.

198 **Vernet** (D'ap. C.). Napoléon à cheval, par *Copia*, avant la lettre, *Levachez*, *Schenker*, *Simon*, quatre différentes compositions; Triomphe, par *Roger*, avant et après la lettre. 6 p.

199 **Vernet** (H.). La Goguette, Perlet, Foy, etc., 6 lith. D'ap. lui, Tartuffe chine et vignettes; son Atelier, le Grenadier de faction près d'un canon, avant la lettre, 7; l'Avare qui a perdu, par *Carle*. En tout 14 p.

200 **Wierix** (Ant.). Cor Iesv amanti sacrum. 19 p. Très-belles ép.

201 **Wierix.** Vertus, Vices, Apôtre, Ange gardien, etc. 10 petites p.

202 — Passio Domini nostri Jesu Christi. 17 p. Très-belles ép.

203 — La Vie de la Vierge. 18 p. Très-belles ép.

204 — La Vierge et Jésus, entourés de 8 scènes de sa vie. Superbe ép. marge. — Le Christ, entouré de 10 sujets de la Passion. 2 p.

205 **Ziarnsko.** Les Machabées. Très-belle ép. rare.

206 Bas-reliefs d'une des colonnes à Rome. 127 p. à l'eau-forte.

207 Plans des villes de Lyon, Strasbourg et autres, d'Italie, Belgique, etc., tirés de Blaeu. 53 p. coloriées.

208 Vues des Châteaux de France, grande Chartreuse, etc., 30 p.

209 Vues de Paris gravées et environs. 25 p.

210 Vues de Paris et environs, par Benoist Jacottet et autres. 60 p. noir et couleur.

211 Vues des Pyrénées, Bagneres, Pau, Biarritz, etc. 32 p.

212 Vues de France et autres. 70 p. lithog.

213 Vues de Suisse, Italie, Egypte, Belgique, etc., Paysages. 142 p.

214 Vues de Paris, anciennes et modernes, France. 126 p.

215 Vues de Belgique et Pays-Bas. 95 p.

216 Vues d'Italie, Orient, etc. 320 p.

217 Panorama de Londres, et vues d'Angleterre et d'Allemagne, 30 p.

218 Plans de Paris, Vues, Cartes des départements de la France, camps du vicomte de Turenne, etc. 107 p.

219 Les délices de la Grande-Bretagne et de l'Irlande, vues et monuments; un très-fort lot.

220 Pièces historiques anciennes, diverses collections. 150 p.

221 **Divers.** D'après Le Brun, Poussin, Ribera; grandes têtes, etc. 15 p.

222 — Sujets bibliques, religieux, saints et saintes, 120 p.

223 — Sujets religieux, graveurs modernes. 54 p.

224 — Vues, Plans, Cartes, sujets divers, anciens et modernes. 80 p.

225 — Gravures chinoises sur papier de Chine, coloriées, Oiseaux, Vases de fleurs, etc. 20 p. 6 différents.

226 — Le Monde en Estampes. 70 p. coloriées.

227 — Mutus liber, in quo tamen tota philosophia hermetica, figuris hieroglyphicis (recueil de science hermétique). *Rupellæ* (*Larochelle*). *P. Savouret*, 1677. Cahier de 15 p. avec privil. du roi.

228 — Opere dei grande concorsi, de l'Académie des Beaux-Arts de Milan. 12 p. au trait in-fol. et texte.

229 — Explications du Jeu de Paume et autres. 37 p.

230 ANONYME. Portrait de d'Aguessau, in-4 ovale, équarri. Dessin mine de plomb.

231 — Vues du temple des Druides, dans la paroisse de Querqueville, près Cherbourg, Tour de la Hougue, en 1692, plan du mont Saint-Michel, etc., 8 p. à l'encre et aquarelle.

232 — Paysages, effets de lune différents tons, vue de Biarritz, etc. 6 p.

233 — Dessins divers. 16 p.

234 PITTALUGA. Costumes de Sardaigne. 13 aquarelles.

235 **Dessins** divers. Paysages, crayon et aquarelles, 43 p.

PORTRAITS

CLASSÉS PAR GRAVEURS, POUVANT SERVIR AUX ILLUSTRATIONS

236 **Alix.** (J.-Ch.). Le Vacher de Charnois, auteur des recherches sur les costumes et les théâtres, — de Bette d'Etienville, 2 portraits in-8, en couleur, marge.

237 — Le général Buonaparte, d'après Appiani; in-fol. en couleur.

238 **Auvray.** Laruette dans les Deux Chasseurs. Préville dans les Vendanges de Suresnes. 2 p. in-4., sup. ép.

239 **Beauvarlet.** Le duc de Bourgogne d'après Fredou. 4 ép. — L'abbé Nollet. — B.-G. Sage. 6 p.

240 **Bervic.** Senac de Meilhan, in-fol. 2 ép.

241 **Bonneville.** Députés et Célébrités de la Révolution de 1792. 130 p.

242 — Robespierre le jeune, grande marge, très-rare.

243 **Bourgeois de la Richardière.** Sophie Arnould, ovale in-8, en bistre, d'ap. de La Tour; rôle de Zyrphé, marge. rare.

244 — François II d'Autriche. Frédéric Guillaume III de Prusse. 2 portraits, in-fol. marge.

245 **Cathelin.** Buffon avant et avec la lettre, Cicéron, Rollin, avant la lettre. 4 p.

246 **Ceroni.** Les Émaux de Petitot. Portraits du règne de Louis XIV. 40 livraisons avec texte. Superbe exemplaire.

247 **Ceroni** d'après les Emaux de Petitot, Mlle de Fontanges, avant la lettre sur chine.

248 — Henriette d'Angleterre. — La comtesse d'Olonne, 2 ép. de chaque, avant la lettre sur blanc, seront divisées.

249 — Mme de Maintenon, avant la lettre chine. 2 ép. sera divisé.

250 — Mme de Sévigné avant la lettre blanc.

251 — Anne d'Autriche, Christine, Dupré, Longueville, Maintenon, Montbason, Mlle et Mme de Montpensier, Ninon, F.-M. d'Orléans, M. L. d'Orléans, La Suze. 13 p. avec la lettre.

252 — M. de Grignan, Larochefoucauld, Louis XIV, le Dauphin, Gaston, Richelieu, Turenne, Villars. 17 p. avant la lettre, 2 lots.

253 — Marie Leczinska, du Barry, Châteauroux, de Pompadour, Vintimille. 5 p. avec la lettre.

254 **Chenu.** Mme Favart, entourée de branches de roses, superbe ép. marge.

255 **Choffard.** François VI, de la Rochefoucauld et l'amiral Rossel avec sa fille, avant la lettre. 2 p.

256 **Claessens**, etc. Députés et Généraux de la Révolution. 32 p.

257 **Cochin** (D'ap.). Son portrait, Poisson marquis de Marigny. 2 ép. 3 p.

258 **Copia**, d'aprés David. Tête de Marat, mort, in-fol.

259 **Coutellier**. Michu, de la Comédie Italienne, ovale, in-4, en couleur, très-belle ép. marge.

260 **Crespy** (Chez). Ecclésiastiques et autres. 21 p.

261 **Daullé**. Mareschal, Maupertuis 3, Orléans, Polignac, Cardinal 2; en tout, 7 p.

262 **David**. Mademoiselle de France, née le 5 août 1776, dans son berceau, in-8, marge rare.

263 **Debucourt** *del. et sculp.* Henri IV, à cheval, in-fol.

264 **Dejabin**. Portraits de députés à l'Assemblée nationale, 43 p.

265 **Delaunay**. Les frères Montgolfier, et petits portraits de littérateurs. 9 p.

266 **Delvaux**. Personnages grecs et romains, pour Plutarque, petits ovales. 49 p.

267 **Dequevauvillers**. Mesdames de Sévigné et de Grignan. 2 p. avant la lettre, sur chine, marge.

268 **Desrochers**. Reines et Princesses, françaises et étrangères. 20 p. très-belles ép.

269 — Ecclésiastiques, Papes, Cardinaux, Littérateurs, Peintres, Célébrités diverses, Princes, etc. 400 p. 7 lots.

270 **Deveria**. Prudhomme, V. Hugo et autres, 11 p. litog.

271 **Devrits.** Poëtes normands, in-8. 30 p.

272 **Drevet.** La Palatine d'Orléans, in-8 en travers, petit bijou de gravure, superbe ép., marge.

273 — Ch. J. de Cisternay du Fay. — Saint Évêque. 2 p.

274 **Dugoure.** Cinq-Mars. Marie de Gonzague. — Comte de Grammont, 2 ép. En tout, 4 p.

275 **Dupin.** Maurepas. — Turgot. — Voisenon. 3 p.

276 **Dupont** (Henriquel). Coiny graveur. — Desenne dessinateur. 3 p. in-4.

277 — Le Brun, consul. — Portrait anonyme. — Madame Feuillet. 3 p. in-4.

278 — Montaigne avant et avec la lettre. 10 p.

279 — Vignettes, 5 p. par H. Dupont et deux autres, d'après Girodet. En tout 7. Chine et blanc.

280 **Edelinck.** Jacques II, roi de la Grande-Bretagne.

281 — Louis XIV, roi de France. 2 ép.

282 — Marquise de Sévigné, remargée, superbe ép.

283 — Gherardi. — Mascaron. — Miramion. — Saint-Evremont. — Sainte Marthe. — Ximenès. — Tourreil, etc. 10 p.

284 **Ficquet.** Lodovico Ariosto, in-8. 2 ép. grand et petit papier.

285 — Lodovico Ariosto, in-12, superbes ép. avant la lettre, sans les armoiries, 2 ép. grand papier, 1 petit papier, et 1 avec la lettre, remargé; seront divisés.

286 — Boileau, extrêmement rare, très-belle ép. marge in-4.

287 — Cicéron, remargé, autre sur chine. 2 p.

288 — Corneille, superbe ép. avant les noms d'artistes, 5 millim. de marge.

289 — Corneille, 2 ép. avec les noms d'artistes, marge différente.

290 — Crébillon, 4 très-belles ép. avec les noms d'artistes, marge et petite marge; seront divisés.

291 — De Chennevières, ép. avant l'S, au mot Cincere.

292 — De Chennevières, 2 ép. dont 1 sur chine.

293 — Descartes, très-belle ép. avant les noms d'artistes, 3 millim. de marge.

294 — Descartes, 2 p., belles ép. marge; seront divisés.

295 — Eisen, très-belle ép. avec une petite marge.

296 — Eisen, 3 ép. avec marge; pourra être divisé.

297 — La Fontaine, très-belle ép. La tablette du haut formée de tailles verticales et avant toute lettre remargée à claire-voie.

298 — La Fontaine, très-belle ép. au ruisseau blanc, sans marge.

299 — La Fontaine, ép. au ruisseau blanc.

300 — La Fontaine des Fables et 2e ép. de celui des Contes. 3 p.

301 — La Mothe Le Vayer, avant les noms d'artistes. 2 ép. avec marges, seront divisées, une en plus remargée.

302 — La Mothe Le Vayer, ép. avec les noms d'artistes.

303 — Marquise de Maintenon, 5 ép. avec marge, dont deux remargées, seront divisées.

304 — Molière. 2 très-belles ép. avec marge, les noms d'artistes écrits en grandes lettres. Seront divisées.

305 — Montaigne, avant les noms d'artistes.

306 — Montaigne. 3 ép. avec les noms, marge. Seront divisées.

307 — Mureti effigies (Muret). Rare.

308 — Regnard. Superbe ép. avant les noms d'artistes.

309 — Regnard. Superbe ép. avec les noms.

310 — Rousseau (J.-B.). 3 ép. marge, petite marge, et remargées. Seront divisées.

311 — Rousseau (J.-J.). État très-rare avant beaucoup de travaux; l'ovale est formé de tailles horizontales, l'entourage est à l'eau-forte pure, la manche droite a une forte retouche au pinceau. Grande marge, remargé comme chine.

312 — Rousseau (J.-J.). Très-belle ép. avant les noms d'artistes, marge.

313 — Rousseau (J.-J.). 3 belles ép. avec les noms, marge et petite marge, dont 1 remargée. Seront divisées.

314 — Swift. Rare, remargé.

315 — Voltaire. 2 belles ép. Seront divisées.

316 — Vadé. 3 ép. Seront divisées.

317 — Puffendorf et peintres de Descamps, Van Dyck et autres. 5 p.

318 — Crébillon, les Rousseau, Vadé, Chennevières, Eisen et autres, chine et blanc. 12 p.

319 — Corneille, Crebillon, Descartes, Eisen, J.-B. Rousseau, J.-J. Rousseau, Vadé, de Chennevières. 8 p. avec marge, ancien papier.

320 — Portraits tirés de la collection d'Odieuvre. 30 p.

321 **Fiesinger.** Députés de l'Assemblée nationale et généraux de l'époque. 273 p. 3 lots.

322 **Flipart.** Mme Favart, profil d'ap. Cochin. Sup. ép. marge.

323 **Gaucher.** Buffon, in-12 et in-8. 2 ép. avant la lettre.

324 — Diderot, Gérard, Métastase. 3 p. avant la lettre.

325 — Corneille, Racine, blanc et chine. 3 p.

326 — Gaucher, par son élève. — Gravelot. 2 petits portraits.

327 — Jeanne d'Arc avec entourage, in-4.

328 — Benjamin de La Borde sur un titre d'Histoire de France, 1821.

329 — Lamoignon, Malesherbes, chine, avant la lettre.

330 — Lefort, avant et avec la lettre. 2 p.

331 — Louis-Auguste, dauphin, adresse chez l'auteur.

332 — Montausier (duc de). 2 ép. grandes marges. Sera divisé.

333 — Saint François de Sales, avant la lettre.

334 — Ch. Villette, député à la Convention.

335 — M. Briquet, Cervantes, Marmontel, Pie VI, Sicard, Soret, Vergennes, etc. 19 p.

336 **Gaultier** (Léonard). Henri IV à cheval. — Clément VIII. — Et. Pasquier, grande marge. Lucain. 4 p. très-belles ép.

337 — Louise de Lorraine, — duchesse de Nemours, — duc d'Anjou, — Virginia Nigra, — Sixte V, — René de Birague, — Ch. de B. Soissons. — P. de Besse. Raoul. 11 p. 2 lots.

338 **Heister.** Guillaume et Pauline de Nassau, — Antonia Grafin von Naumburg, — Ferdinand d'Autriche. 5 portraits lithog. in-fol.

339 **Hillemacher.** Acteurs et Actrices à l'eau-forte. 93 p.

340 — Suite de portraits d'acteurs, à l'eau-forte pour le Mariage de Figaro. 16 p.

341 **Ingouf.** Littérateurs, lettre grise. 12 p. in-12.

342 — Joseph de Laporte, Marivaux, Xénophon. 5 p.

343 — Madame la comtesse d'Artois avec ses trois enfants au berceau, in-4. Belle ép. marge, rare.

344 **Johannot.** Barthélemy. — Méry. 2 portraits in-8.

345 **Landry,** Allain, Manesson-Mallet ingénieur. In-8, Superbe ép.

346 **Larmessin,** Daret, etc. Princesses, Princes, Rois et Dignitaires. 90 p. in-4.

347 **Lasne** (Michel). Binet, Chabans, S. Dupleix, Joyeuse, Gondi, Petau. 7 p.

348 **Le Beau.** Madame Du Barry, médaillon avec attributs entouré de fleurs. Grand in-8, marge.

349 — Louise-Marie-Thérèse-Bathilde d'Orléans, duchesse de Bourbon. Superbe ép. in-4, toute marge

350 — Mlle de Raucourt; au bas, la scène de Mitridate. In-8, superbe ép.

351 — Choiseul, Joseph II, La Martinière, Maupeou, le prince de Piémont. 16 p.

352 **Legoux**. Louis XVI. — Marie-Antoinette. 2 très-petits portraits remargés comme chine, marge in-4.

353 **Le Mire**. Jeanne d'Arc, remargée. — Saint-Foix. 2 p.

354 **Leroux**. Lafayette en pied, d'ap. Scheffer, lettre grise. — Sur un navire, avec vision céleste. Manière noire avant la lettre. 2 p. grand in-folio.

355 **Leu** (Thomas de). Henri III, roi de France et de Pologne. — Henri IV lauré. In-4, par L. Gaultier. 2 p. belles ép.

356 — Marie-Stuart, avec texte au revers.

357 — Lorraine, Henri le Balafré, marquis du Pont, Cardinal, Chaligny. 5 p.

358 — Steph. Paschasius, Papire-Masson, Beaugrand. 3 p.

359 — Biragne, Charles cardinal de Bourbon, La Martonie, N. de Heere, etc. 6 p.

360 — Charles de Biron, Élisabeth d'Autriche, Louis de Condé, Joyeuse, Le Gagneur, Pasquier, Nemours. 9 p.

361 **Le Vachez**. Kléber. — Masséna. 2 petits port. en couleur.

362 **Lignon.** Mme de Genlis. — Le Roi de Rome. — François Ier des Deux-Siciles. — Le Comte de Souza. 4 p. in-4.

363 **J. M.** La Femme de Rubens, coloriée. — La Femme de Van Dyck en bistre. 2 ovales petit in-fol. — Femmes nues avec un manteau. Très-belles ép. rares.

364 **Mansfeld.** Marie, princesse de Russie, coloriée. — Joseph II. — Lord Keith. 3 p.

365 **Marcenay** (De). M. P. de Voyer de Paulmy d'Argenson. In-8, très-belle ép. d'ap. Nattier. marge.

366 — Bayard avant la lettre, la copie contrepartie, et avec la lettre. 3 p.

367 — Charles V. 2 ép. remargées.

368 — Charles VII. Très-belle ép. avant toute lettre marge.

369 — Henri IV et Sully. 2 portraits, grandes marges.

370 — Henri IV et Sully. 2 de chaque. 4 p.

371 — Jeanne d'Arc. Très-belle ép.

372 — L'Hôpital (Michel de). 4 ép. dont 2 remargées. Seront divisées.

373 — Lavalette, grand maître ; ovale avant la lettre. remargé.

374 — Sage, chimiste. Superbe ép. avant toute lettre.

375 — Saxe (Maréchal de). Avant toute lettre, marge. Sup. ép.

376 — Saxe, avec la lettre. 2 ép.

377 — Le Président de Thou. 2 ép.

378 — Turenne. 4 ép. remargées.

379 — Villars, avant la lettre, marge, remargée.

380 — Villars, belle ép.

381 — Charles Ier, Rembrandt, l'Hôpital, Sully et 9 paysages et têtes. En tout 13 p.

382 **Marillier** (D'ap.). Louis-Auguste, dauphin. — Louis XVI. 2 portraits en pendant avec roses et lauriers. In-4, marge.

383 **Mecou.** Bertrand général, Princes et Princesses de Russie, la plupart avant la lettre, 11 p. in-4.

384 **Menard** et **Desenne** (Suite de). Épreuves sur chine avant la lettre et lettre grise. 62 p.

385 — Épreuves sur blanc avant la lettre et lettre grise. 72 p.

386 — Doubles des ép. sur chine avant et lettre grise. 227 p. 2 lots.

387 — Épreuves sur blanc avant la lettre et lettres grises. 62 p. différ.

388 — Doubles des ép. sur blanc avant et lettres grises. 216 p. 2 lots.

389 **Mercuri**, 1841. T. Tasso. Petit portrait, superbe ép. sur chine, grande marge.

390 **Moncornet.** Marie de Médicis, Anne d'Autriche, duchesse de Longueville et autres Princesses et Femmes célèbres. 50 p. avec marge.

391 — Ecclésiastiques, Papes, Cardinaux. 90 p. 2 lots.

392 — Princes, Gouverneurs, Généraux, Ministres, Conseillers, etc., français et étrangers. 304 p. 3 lots.

393 **Moncornet.** Célébrités diverses. Superbes ép. avant les armoiries, 50 p.

394 — Louis XIII, Princes français et étrangers à cheval. 15 p. in-4 rares.

395 **Monsaldy.** Mme Dugazon, d'ap. *Isabey.* Superbe ép. en couleur, in-8, toute marge, in-4.

396 **Moreau** le jeune, 1770. Louis-Auguste, dauphin de France (Louis XVI). Charmant portrait d'ap. Hall. Magnifique ép. in-8 de la plus grande beauté et fraicheur, toute marge.

397 — Phelippeau duc de la Vrillière, in-8, 1769. Remargé.

398 **Morghen.** Vittorio Alfieri, in-4. Très-belle ép. marge.

399 — Championnet, général de l'armée de Naples. In-4.

400 — Charles III, roi d'Espagne, in-4, marge.

401 — Dante, in-8. 2 ép.

402 — Goldoni, in-8. Très-belle ép., marge.

403 — Léon X, in-4, marge.

404 — Louis XVIII, Fortunata Sulger. 2 p.

405 **Morin.** Anne d'Autriche régente, d'ap. Champagne.

406 **Nanteuil.** Michel de Marolles, abbé. Très-belle ép.

407 — Christine coupée, Pierre Dupuis, De Lyonne, Maridat, Seguier. 5 p.

408 **Odieuvre** (Suite d'). Aubusson, Maupeou. 2 portraits avant toute lettre, très-rares.

409 **Odieuvre** (Suite d'). Portraits par Ficquet, Schmidt, Wille. 30 p. avec marge.

410 — Femmes célèbres, Reines, Princesses. 50 p.

411 — Artistes-Peintres, Sculpteurs, Graveurs. 50 p. différents. 130 p. 3 lots.

412 — Littérateurs, Écrivains, etc. 76 p.

413 — Ecclésiastiques, Papes, Cardinaux. 50 p. différents. 130 p. 2 lots.

414 — Célébrités diverses, Rois de France, Empereurs et princes étrangers, en double. 820 p. 8 lots.

415 **Passe** (C. de). Catherine de Bourbon, sœur unique du roi Henri IV. Belle ép. marge, grand in-8.

416 **Fouquet**. Marie-Antoinette, Louis XVI, Napoléon Ier. Napoléon III et sa famille, en pied et en buste. 18 p.

417 **Petit**, Marie-Gabrielle de la Fontaine Solare de la Boissière, d'après *La Tour*. Belle ép. in-fol.

418 **Pompadour** (Mme de), 1752. Le Printemps. — L'Automne, d'après des bas-reliefs en ivoire. 2 p. rares.

419 **Queneday, Fouquet, Chrétien**. Barnave, petit rond en couleur avant toute lettre, marge.

420 — Bazire. Petit rond, belle ép. marge.

421 — Duval d'Epremenil. Petit rond remargé comme chine.

422 — Laligant-Morillon en 1792, com. près la Législative. Remargé.

423 — Le Dauphin, fils de Louis XVI. Très-rare, remargé.

424 **Quenedey.** Anna Morichelli. Remargé.

425 — Général Dumouriez, — Kellerman. 2 p. remargées.

426 — Huber, député batave en 1790. Remargé. — Mentelle. 2 p.

427 — Barthélemy, directeur, et autres. 10 p.

428 **Reynolds.** Napoléon à Sainte-Hélène, d'ap. *H. Vernet.* Superbe ép. avant la lettre.

429 **Rodermont.** Johannes secundus Hagiensis, poëte. 2 ép.

430 **Rochn.** Galerie des pairs de France. 54 portraits in-4 sur chine.

431 **Roger.** Marquise de Sévigné. Mme la comtesse de Grignan, avant et avec la lettre. 4 p.

432 **Roullet.** P. Le Camus, cardinal. Sup. ép. avant la lettre; les noms et qualité sont écrits à la main dans la tablette. — Le même, avec le nom dans la bordure et les deux lignes latines dans la tablette. 2 p.

433 **Saint-Aubin** (Aug. de). Moreau le jeune, graveur, in-8. Très-belle ép. rare, marge.

434 — Richard, abbé de Saint-Non. Ovale in-8; grande marge.

435 — Portraits divers avant et avec la lettre. 60 p. 2 lots.

436 **Savart.** Dalembert. Superbe ép. avant toutes lettres, marge.

437 — Dalembert, avant toute lettre, sans marge, remargée comme chine. — Le même avec la lettre, le caducée enlevé, marge. 2 p.

438 — Bayle. 2 ép. dont une remargée. Sera divisé.

439 **Savart.** Bernis. 2 ép. dont une remargée.

440 — Boileau, carré. Belle ép. Médaillon orné. 2 p.

441 — Bossuet, avant beaucoup de travaux, avec l'adresse Barrière de Fontarabie, Jacques-Bénigne Bossuet en 3 lignes. Rare.

442 — Bossuet, même état, sans marge, remargé.

443 — Bossuet, terminé avec les changements, sans adresse. 2 p. Seront divisées.

444 — Buffon. 2 ép. dont une remargée.

445 — Catinat. 2 ép. marge, petite marge.

446 — Christian VII, de Danemark.

447 — Colbert. 2 superbes ép. adresse Barrière de Fontarabie, marge. Seront divisées; 1 est remargée.

448 — Colbert, adresse rue Percée, autre adresse effacée, 2 p. grande marge.

449 — Condé (le grand). 2 ép.

450 — Mme Deshoulières. Très-belle ép. Marge.

451 — Fénelon, adresse barrière de Fontarabie. Remargé.

452 — Fontenelle, remargé; le même, l'entourage effacé, ép. sur chine. 2 p.

453 — La Fontaine. Très-belle ép.

454 — Nicolas de Livry, avec le bas-relief et les noms d'artistes. Rare.

455 — Louis XIV, avec adresse barrière de Fontarabie. — Le même, adresse rue Percée. Grande marge. 2 p.

456 — Montesquieu, belle ép.

457 — Rabelais. Grande marge, chez l'auteur, hôtel Chamousset. — Autre adresse effacée. 2 p.

458 **Savart**. J. Racine. 2 ép.

459 — Torquato Tasso, avant l'adresse. 2 ép.

460 — Diane et Endymion, avant toute lettre, sans marge. Remargée.

461 — Diane et Endymion, avec la lettre. 5 ép.

462 — Buffon, Catinat, Condé, Diane. 6 p. sur chine, etc. Marge.

463 — Bossuet, Buffon, Catinat, Condé, Fénelon, Racine, Richelieu. 7 p. avec marge.

464 **Schmidt.** Portraits tirés de la collection d'Odieuvre. 20 p.

465 — J. B. Rousseau à mi-corps. In-4. Belle ép.

466 **Schuppen** (Van). Mme Deshoulières. 3 ép., dont 2 remargées.

467 — J.-L. de Fromentières, évêque d'Aire. Superbe épreuve.

468 — Hindret. — De Pontiis. 4 p.

469 **Simonneau.** Bourdaloue, gr. in-8. Sup. ép. Marge.

470 — Melchior Cochet de Saint-Valier, comte de Brioude. In-8.

471 **Tardieu** (Alexandre). Castera, sup. ép. chine, remargée. — Fréd.-Guillaume III. — Stanislas, 3 p.

472 — Mme Deshoulières. Avant et avec la lettre. 2 p.

473 **Tardieu.** Mme Du Bocage, le nom sur la tablette blanche. Sup. ép. remargée. — La même, la tablette ombrée, avec les armes, le nom sur le bord, *formá Venus*, la mèche de cheveux en place de la branche. 2 p.

474 — Alexandre. — Napoléon. 2 médailles. Napoléon de face, d'ap. Muneret, sur chine. 3 p.

475 — Lapeyrouse, in-4, avant la lettre. — Volney, chine, lettre grise. 2 p.

476 **Thomassin**. Princes français et étrangers, médailles in-4. 8 p.

477 **Trouvain**. De la Chaise. — L. Bordelon. 2 p.

478 **Vallet** (Pierre). Son portrait à l'eau-forte, in-4.

479 **Vangelisty**, 1775. Anne-Marie Martinozzi, princesse de Conty. — Armand de Bourbon, prince de Conty. 2 p. in-8. Sup. ép., grandes marges.

480 **Vérité**. Célébrités de la Révolution. 36 p. Des doubles.

481 **Vermeulen**. B. Phelypeaux, marquis de Châteauneuf. In-4. Sup. ép.

482 **Will**, 1745. Pope, médaillon entouré de palmes, en-tête de page. 2 ép., dont une avec marge.

483 **Wille**. Rois de France : Charlemagne, Charles III, IV, Childéric II, III, Chilpéric II, Clovis III, Dagobert II, Henri I, Hugues-Capet, Lothaire, Louis I, II, VI, Thierri I, II. 16 p. in-8. Très-belles ép. marge.

484 — Personnages divers de la suite d'Odieuvre, in-8, 12 p.

485 **Worthington**. Souverains de la Grande-Bretagne : rois, reines, in-8. Lettre grise sur chine. Marge in-4. 36 p. Superbes.

PIÈCES HISTORIQUES & PORTRAITS

DEPUIS 1792 JUSQU'A NOS JOURS

486 Ci-devant duc d'Aiguillon; Passe, salope; petit médaillon à double tête.

487 Costume des trois ordres. — La France. Que fais-tu là? coquin. (C'est Montesquiou.) 2 petits ronds. — Ouverture du club de la Révolution. 3 petites pièces rares.

488 Mort de Flesselles, prévot des marchands. — Le jour de la séance royale. — Formation de la garde nationale. — La Prison de l'Abbaye forcée. 4 petites pièces rares.

489 Le flot qui l'apporta recule épouvanté. — Exercice des droits de l'homme et du citoyen français. 2 p. in-8 rares. Remargées.

490 Petites pièces historiques sur la Révolution, d'ap. Moreau et autres, par Duplessis-Bertaux, etc. 30 pièces.

491 Vignettes historiques sur l'époque de la Révolution. La plupart remargées grand in-8. 46 p.

492 Evènements remarquables de la Révolution française de 1789. 51 p. gr. in-8, manière noire du temps.

493 Doubles des mêmes faits historiques. 63 p.

494 Les Fastes du peuple français. 20 p. in-4, manière noire de l'époque.

495 Vignettes tirées de : Révolution de Paris, par Prud'homme. 236 p. de l'époque.

496 Vignettes d'après Raffet, Scheffer, Johannot, etc., pour la Révolution, l'Empire, etc. 130 p.

497 Portraits pour les Girondins de Lamartine, d'ap. Raffet. 25 p. différents.

498 — Girondins doubles. 35 p.

499 Personnages célèbres : députés, généraux de la Révolution; édit. de Furne, ép. sur chine, 54 p.

500 Députés, généraux édit. de Furne, la plupart grand papier. 100 p.

501 Célébrités de la révolution de Furne et autres collections. 170 p. 2 lots.

502 Célébrités de la Révolution, portraits du temps. 175 p. 2 lots.

503 Célébrités du temps de la Révolution, etc. 200 p. 2 lots.

504 Portraits de **Napoléon I**[er], comme général, consul; Empereur en buste, en pied, à cheval, statues, mort, par les meilleurs graveurs, ép. avant et avec la lettre, sur chine et blanc. 200 p. 2 lots.

505 — Joséphine, impératrice; madame Bonaparte, 39 p.

506 — Marie-Louise en buste et en pied. 36 p.

507 — Roi de Rome, duc de Reichstadt, Napoléon II. 36 p.

508 — Napoléon Ier, Joséphine, Marie-Louise et le roi de Rome. 110 p.

509 — Famille de Napoléon. Son père, sa mère, ses frères, sœurs, etc. 100 p.

510 — Portraits réunis de la famille, médailles et faits historiques, batailles, etc., vignettes. 100 p.

511 — Douze vues de Waterloo, vignettes historiques sur le règne de l'Empereur. 100 p.

512 Personnages célèbres sous le règne de Napoléon Ier; généraux en pied et à cheval. 100 p.

513 Personnages célèbres et généraux du premier empire. 400 p. 4 lots.

514 Restauration, célébrités militaires, littéraires et autres, vignettes, etc., de 1814 à 1830. 200 p. 2 lots.

515 Célébrités de 1830, gouvernement de Juillet. Portraits et vignettes. 150 p.

516 ***Louis-Philippe Ier***, roi des Français, en buste, par Pannier, in-8, sup. ép. avant la lettre, chine.

517 ***Louis-Philippe Ier***, par Audibran, Danois, Mme Fournier, Hopwood, Lefèvre, Mauduison et autres. 12 p.

518 Famille d'Orléans en pied, gr. in-8. 12 p.

519 Famille d'Orléans, Monsieur, le Régent, le Gros, Égalité, Louis-Philippe, la reine, leurs fils, filles, gendres, etc. Vignettes de leur histoire. 90 p.

520 Célébrités de 1848. Députés, généraux, etc., la plupart en pied. 100 p.

521 Vignettes des faits historiques de 1848. 21 p.

522 Célébrités du deuxième empire, règne de Napoléon III. 81 p.

PORTRAITS

CLASSÉS PAR NOMS DE PERSONNAGES

523 ***Artois*** (Mme la comtesse d'). Invitation aux Grâces, par Gaucher, Hubert, Lebeau. 3 p.

524 ***Bernardin de Saint-Pierre.*** Portraits différents, 7, par Lignon, Wedgevood, avant la lettre chine et avec la lettre blanc, vignettes. 37 p.

525 ***Bernis*** (Cardinal de), par Le Mire et autres. 4 p.

526 ***Bonaparte*** (Elisa). Coloriée. — Mme la comtesse de Villeneuve, dame de l'Impératrice. 2 profils au physionotrace. Remargés.

527 — (Lucien), par Queneday et autres. 4 portraits différents.

528 ***Bourgogne*** (Duchesse de). 2, avec le duc surmontant le cortége d'un convoi. — Le Duc par Bertonnier, Desrochers, Tardieu, Thomassin et autres, 9. En tout 12 p.

529 ***Buffon.*** Portraits différents, ou états différents. 42 p.

530 ***Byron.*** — Walter-Scott. 35 portraits différents.

531 ***Campan*** (Mme). — Genlis. — Staël. 27 p.

532 ***Charlotte Corday*** et son arrestation. 22 p.

533 ***Condé*** (Le Grand). — Marie-Anne de Bourbon, fille de Henri-Jules de Condé, duchesse de Vendôme. 2 p. par Desrochers. Superbes ép., Marge.

534 ***Condé***. Portraits et vignettes recueillis pour illustrer l'histoire du prince; Ficquet, Gaucher, Th. de Leu, Miger, Moncornet, Fleurons par Choffart; entêtes de pages d'après Moreau, etc., 80 p.

535 ***Conti*** (François-Louis de). — Louis-Armand, la princesse de Conti. 3 p. par Desrochers. Superbes ép., la Princesse remargée.

536 ***Deshoulières*** (Mme). Par Tardieu, Saint-Aubin, Schmidt et autres. 20 p. — Mme Duchatelet, par Delvaux, Langlois, etc., 8. En tout 28 p.

537 ***Dorat***. Par Dupin, Ethiou, Fessard, Saint-Aubin. 7 p.

538 ***Dubarry*** (Mme), par Lebeau, Bovinet, Bonneville et autres, vignettes. 12 p.

539 ***Elisabeth***, reine d'Angleterre. 28 p.

540 ***Elisabeth*** (Madame), sœur de Louis XVI. 20 différents.

541 ***Favart***, par Littret et autre, 3. — Madame, par Chenu, Flipart, 2. En tout, 5 p.

542 ***Fontanges***, 7; Montespan, 4, Pompadour, 7. En tout, 18 p.

543 ***François I***^er^ d'Autriche, ovale de 2 centimètres de hauteur; autre; étant jeune, par Mansfeld. In-8. 2 p.

544 ***Gibbons***. Portraits et vignettes. 15 p.

545 **Graffigny** (Mme). Par Cathelin, Delaunay et autres. 18 p.

546 **Grignan** (Mme de), in-8, par Roger, avant et avec la lettre. 2 p. Superbes ép.

547 — Différents formats, par Dien, avant la lettre chine, Pinssio, Roger et autres, in-12 et in-8. 16 p.

548 **Henri IV**, par Dequevauvillers, Geraut, Saint-Aubin et autres, chine avant la lettre et autres. 26 p.

549 **Jeanne d'Arc**, par Beisson, Delvaux; son supplice, d'après Raffet et autres. 25 p.

550 **La Fontaine** entouré de figures allégoriques, d'ap. Moreau, superbe ép. par *Le Mire*. Marge.

551 — Deux petits portraits remargés, dans des frontispices; allégories ornées d'ap. Marillier. Superbes.

552 **Lamballe** (Princesse), par Bonneville, Ruotte en couleur, Vérité, Weber et autres. 14 p.

553 **La Valette** (Mme de). Roland — Tallien — Theroigne — Renaud — Corday. 20 p.

554 **La Vallière** (Mlle de), anciens et modernes. 18 p.

555 **Louis XIII**. Portraits anciens et modernes, 14 p., et Louis XIV, 12 en tout. 26 p.

556 **Louis XIV**, à différents âges, en buste, en pied, à cheval, par Desrochers, Duflos, Edelinck, Moncornet, Saint-Aubin, etc. 43 p. différents.

557 ***Louis***, grand dauphin. — M. Ch. Victoire, dauphine. — Louis XV jeune. 3 p. par *Desrochers*. Belles ép.

558 — Duc du Maine — Duc de Berry — Comte de Toulouse. 3 p. par *Desrochers*. Superbes ép.

559 ***Louis XV*** enfant, différents, et à différents âges. 52 p.

560 — Marie Leczinska, Mesdames Adélaïde, Clotilde, Louise. 22 p.

561 ***Louis XVI***. Différents par Dupin, Le Beau, Le Mire et autres, allégories, vignettes. 57 p.

562 — et Marie-Antoinette, doubles. 35 p.

563 ***Louis XVII***, différents portraits. 15 p.

564 ***Marie***-Thérèse-Charlotte, sœur du dauphin (Mme d'Angoulême). 20 portraits différents.

565 Adieux de Louis XVI à sa famille. 6 compositions différentes. 8 p.

566 ***Louis XVI*** et sa famille ensemble. Saule pleureur et autres vignettes. 22 p.

567 — Comte de Provence — la Comtesse — le comte d'Artois — Louis XVIII et sa famille. 33 p.

568 ***Louis XVI*** avec Marie-Antoinette — Louis XVII avec sa sœur. 2 médaillons coloriés, remargés.

569 ***Maintenon*** (Mme de), par Benoit, Ceroni, Forsell, Mecou, Roger et autres. 30 p.

570 ***Mandrin*** (Louis). In-8, chez Petit. Rare.

571 ***Marie-Antoinette*** de profil comme dauphine, par Hubert — comme reine, par Le Beau. 2 p. remargées.

572 — en buste, en pied, différents du temps et moderne, vignettes. 50 p.

573 **Marie Leczinska** étant jeune, avant et avec la lettre, par Desrochers, Duponchelle, Roy. 5 p.

574 **Marie-Stuart**, et son supplice. 32 p. différentes et différents états.

575 **Ninon de Lenclos**, par Ceroni, Schmidt et autres. 22 p.

576 **Orléans** (Philippe d'). Monsieur. — Le Chevalier. 2 p. par *Desrochers*. Très-belles ép.

577 — Philippe, duc de Chartres, et sa femme (avant d'être régent). 2 p. par Desrochers. Superbes ép.

578 — Les mêmes, comme régent, leur fille duchesse de Berry. 3 p. par Desrochers, toute marge.

579 — Le Régent et sa femme, par Crespy. 2 p. rares.

580 **Provence** (comte de), par Duhamel, Le Beau, Voysard, la Comtesse. 4 p. grand in-8, marge.

581 **Rabelais**. Anciens et Modernes. 12 différents, doubles et cartes. 17 p.

582 **Racine** dans un entourage, par Hopwood. 68 p. in-8.

583 **Ramponaux**. Au bas de la vue de l'intérieur de son cabaret. Petit in-fol.

584 **Récamier** (Mme) à mi-corps, montant un escalier. In-4, par Charles Silésien. Très-belle épreuve.

585 ***Saint-Simon*** (duc de), par Mariage et autres. 5 p.

586 ***Sévigné*** (Mme de), par Ceroni, d'ap. Petitot. In-8. Superbes ép. avant la lettre, chine et blanc.

587 — par Chereau, contre-partie par d'Herbez, Schmidt, Mme de Grignan, par Pinssio, avec et sans l'adresse. 5 p. in-8.

588 ***Sévigné*** (Mmes de) et de Grignan, par Jacquemart, Pelletier, Aubert, Roger. 6 p. in-8.

589 ***Sévigné***. Divers formats en buste et en pied, par Dequevauvillers, Dien, Roger et autres. 65 p. 2 lots.

590 — Portraits de personnages divers réunis pour illustrer les lettres de Mme de Sévigné, anciens et modernes. 200 p. 2 lots.

591 ***Shakspeares***. Caractères des personnages de chaque pièce, remargées grand in-8, comme chine. 36 p.

592 — Galerie des Femmes pour ses OEuvres. 50 p.

593 — Portraits historiques, ses contemporains, Illustrations diverses, Vues, etc. 130 p.

594 ***Talma***, par Lignon et Girard. 2 portraits grand in-4, marge in-fol.

PORTRAITS ÉTRANGERS

ET PAR PROFESSIONS

595 **Portraits anglais** de personnages anglais célèbres en littérature, politique, etc. 95 p. grand in-8 sur chine, marge in-4. Superbes épreuves.

596 — Célébrités anglaises en tous genres. 460 p. 5 lots.

597 — Célébrités nobiliaires et littéraires, collection de portraits in-4, avec entourages d'ornements différents. 198 p.

598 — Littérateurs : Byron, Milton, Walter Scott, Pope et autres, Vignettes, Vues, pour illustrations anglaises pour Hume, Robertson, Smolett et autres. 880 p. 8 lots.

599 — pour l'Histoire d'Angleterre de Larrey et autres, par B. Picart. In-4. 28 p.

600 — pour l'Histoire d'Angleterre de Larrey. 33 p.

601 — de personnages anglais, in-4, par Goldar. 100 p.

602 — et scènes pour le théâtre anglais, acteurs et actrices en pied (Bell's British theatre). Comédies, Tragédies, Opéras, Farces, etc. 1160 p. 11 lots.

603 **Portraits** des rois de France, Enfants de France, Princes, etc., jusqu'à nos jours. 700 p. 7 lots.

604 — Rois de France et famille. 400 p. 2 lots.

605 — Famille royale, Henri IV, Dauphins, Régent, Conti, Toulouse, etc., doubles. 18 p.

606 **Dessins originaux** : Mmes Adélaïde, Clotilde, Louise. Victoire, filles de Louis XV; Mmes Élisabeth, et duchesse d'Angoulême, 6 médaillons réunis. — Louis XVIII, comte d'Artois, duc et duchesse d'Angoulême, duc de Berry. 5 médaillons réunis, 2 dessins au bistre, contenant 11 portraits, ont été gravés.

607 **Portraits** de Reines de France et princesses. 100 p.

608 — Princesses, Duchesses françaises et étrangères. 200 p. 2 lots.

609 — Femmes célèbres et Princesses étrangères, la plupart anglaises. 300 p. 3 lots.

610 — Femmes célèbres en tous genres. 478 p. 5 lots.

611 — Femmes célèbres, XVIIe et XVIIIe siècles. 200 p. 2 lots.

612 — Femmes célèbres, XVIIIe et XIXe siècles. 200 p. 2 lots.

613 — Reines et Princesses étrangères, etc. 166 p.

614 — Courtisanes, Maîtresses de rois, etc.; Agnès Sorel, Henriette de Balzac, Diane de Poitiers, Gabrielle d'Estrées, Lavallière, Maintenon, Marion Delorme, Ninon, etc. 106 p.

615 Collections de Portraits des célébrités du XVIe au XIXe siècle, pouvant illustrer l'Histoire de France et les mémoires y relatifs, les Œuvres du cardinal de Retz, Saint-Simon, etc. 100 p. très-belles ép. avant la lettre, sur chine. 2 ex. 2 lots.

616 **Acteurs** et **Actrices.** Petits Costumes d'ap. Fœch. 30 p. coloriées.

617 — Petits Costumes d'ap. Fœch. En noir. 140 p.

618 — Costumes, Galerie théâtrale noir et couleur. 60 p.

619 — anciens et modernes, Costumes et scènes théâtrales. 430 p., 5 lots.

620 — lithographiés, par Julien, Lacauchie, L. Noël, Vigneron, etc. 124 p.

621 **Encyclopédie théâtrale,** et autres portraits en pied d'acteurs et d'actrices, par Collette. 122 p.

622 **Amiraux,** Maréchaux et grands dignitaires français, militaires, et autres, vignettes, etc 400 p. 4 lots.

623 **Artistes.** Peintres, Sculpteurs, Architectes, Graveurs, etc. 385 p. 4 lots.

624 **Avocats,** Jurisconsultes célèbres. 100 p.

625 **Cardinaux** anciens et modernes. 204 p. 2 lots.

627 — Mazarin. — Richelieu, différents. 48 p.

628 **Jésuites.** Portraits anciens et modernes. 58 p.

629 **Papes** anciens et modernes. 100 p.

630 **Saints** et Saintes anciens et modernes. 60 p.

631 **Ecclésiastiques,** Prédicateurs, Archevesques, Évêques et autres, vignettes. 586 p. 5 lots.

632 **Chanceliers,** Ministres, Dignitaires français et autres, vignettes. 425 p. 4 lots.

633 **Conspirateurs,** Assassins, anciens et modernes, Criminels divers et faits historiques, vignettes. 100 p.

634 **Diplomates**, Ministres et autres étrangers. 50 p.

635 **Ecrivains.** Vieux poëtes français, Malherbe, Marot. Regnier, Ronsard et autres. 100 p.

636 — Littérateurs, Poëtes anciens et XVIIe siècle. 100 p.

637 **Littérateurs** par Gaucher, Ingouf, la plupart l'ovale seul. 75 p.

638 — Poëtes, Écrivains célèbres. Épreuves avant la lettre chine et blanc. 50 p.

639 — Poëtes, Écrivains des XVIIe, XVIIIe et XIXe siècles. 215 p. 2 lots.

640 — Auteurs dramatiques, Écrivains célèbres. 100 p.

641 — Historiens : Rollin, Vertot et autres. 75 p.

642 — Philosophes anciens et modernes. 100 p.

643 — Hommes de lettres, Écrivains célèbres du XVIIIe siècle, etc. 433 p. 5 lots.

644 — Poëtes, Hommes de lettres, Écrivains célèbres du XIXe siècle. 250 p. 3 lots.

645 — Hommes de lettres et autres. 350 p. 4 lots.

646 **Médecins** et chirurgiens célèbres. 96 p.

647 **Naturalistes**, Botanistes, Chimistes, Savants géologistes, etc. 286 p. 3 lots.

648 — Médecins, Chirurgiens, Savants, etc. 75 p.

649 **Musiciens** anciens et modernes : Lulli, Rameau, Grétry, Boieldieu, Hérold, Rossini, etc. 110 p.

650 **Réformateurs** : Luther, Calvin, Melanchton, Erasme, et autres célébrités. 80 p.

651 **Voyageurs** célèbres, Marins, etc. 150 p.

652 **Étrangers**, Rois, Empereurs, Princes, Ducs, Noblesse, 900 p. 9 lots.

653 — Célébrités diverses, Guerriers, etc. 100 p.

654 **Allemands**. Goethe. — Schiller et vignettes. 40 p.

655 — Gessner. — Lavater. — Klopstock. — Tieck. — Wielland et autres personnages.

656 **Espagnols**. Poëtes, Littérateurs et autres, Cervantes, Camoens, Lope de Vega et autres, vignettes, etc. 110 p.

657 **Italiens**. Poëtes : Arioste 9. — Dante 20. — Pétrarque et Laure 25. — Tasse 22 en tout, 85 p.

658 — Poëtes, Littérateurs et autres célébrités, vignettes de l'histoire du Tasse, de différents états. 100 p.

659 — Modernes. Poëtes, Littérateurs et autres célébrités, vignettes, Alfieri, Métastase, etc. 90 p.

660 **Portraits** en pied et Vignettes, eaux-fortes pures, quelques-uns terminés avant la lettre. 190 p. 2 lots.

661 Portraits de célébrités hollandaises, in-8, par Houbraken, 369 p. 4 lots.

662 **Portraits** lithographiés de célébrités diverses. 140 p.

663 — Tirés des galeries de Versailles, Furne, Tardieu, etc., 415 p. 4 lots.

664 — Personnages divers, Français et Étrangers, 1,730 p., formera 16 lots.

665 **Divers** Personnages de l'antiquité et autres, 280 p. 2 lots.

666 — Rois de France et autres, 300 p.

VIGNETTES DIVERSES ET DESSINS

FLEURONS, TITRES, ENTÊTES ET FINS DE PAGES

CLASSÉS PAR NOMS D'ARTISTES

667 BAUDET BAUDERVAL. Portrait de Tony Johannot, in-8, à l'encre de Chine, marge in-4.

668 — Portrait de Daniel de Foe dans un entourage allégorique et Frontispice avec plusieurs scènes de Robinson Crusoe. 2 dessins originaux à l'encre de Chine, marge in-4.

669 — Portrait de madame d'Hervart, à l'encre de Chine; autre à l'aquarelle, en ovale; le chevalier de Bouillon, à l'aquarelle; 3 portraits qui n'existent pas gravés, nécessaires aux œuvres de Lafontaine.

670 — Portrait de l'abbé Prévost, entouré de scènes et ornements à l'encre de Chine, 2 aquarelles, chacune de 6 scènes de Manon Lescaut; autre aquarelle de 6 portraits des personnages du roman, 4 dessins originaux, in-8, marge in-4.

671 **Binet** (D'ap.). Vignettes pour les ouvrages de *Restif de la Bretonne*, Paysan perverti, 70 p. Eaux fortes pures; les nos 1, 15, 25, 32, 41, 61, 67 et 80, sont des titres dont les eaux-fortes n'ont pas été exécutées; suite très-rare, marge.

672 — Les Parisiennes, 30 p. Superbes ép. toute marge.

673 — Les Contemporaines et autres, 46 p. Belles ép. marge.

674 — Les Contemporaines et autres, 80 p. belles ép. toute marge.

675 — Vignettes pour divers ouvrages, superbes ép. remargées, 28 in-8, 37 in-4, et le portrait; en tout, 66 p.

676 — Suite de 20 vignettes, avec des nos au-dessus des têtes, belles ép. toute marge.

677. — Les vingt Crieuses, assemblée de dames dans un salon, le Wauxhall, et vignettes, in-4 à plusieurs compartiments, 8 p. très-belles ép.

678 — Vignettes faisant partie des divers ouvrages de *Restif de la Bretonne*, 550 p. environ, formera 6 lots. Ces vignettes sont très-recherchées pour les costumes élégants de l'époque.

679 **Boucher** (D'ap.). Vignettes diverses, par Cochin, Lebas; costumes turcs, groupes d'enfants, etc. 96 p.

680 **Chodowiecki** et autres, 110 vignettes pour divers ouvrages, posées dans un album oblong.

681 — Vignettes pour divers ouvrages, 240 p. 2 lots.

682 **Choffard**. Fleurons, Titres, Entêtes et fins de pages. 100 p. Très-belles ép. avec marges, des doubles.

683 — Fleurons et fins de pages, pour les Conte des La Fontaine, 34p. La plupart avec marge.

684 **Cochin**. Fleurons, Entêtes et Fins de pages, Vignettes avant la lettre et eaux-fortes avec la lettre, pour l'histoire de France, Oraisons funèbres, etc., 364 p. 3 lots.

685 **De Launay.** Voyages aériens, faits par Montgolfier, 4 p. Grand in-8, toute marge, sup. ép.

686 **Desenne** (D'ap.). Vignettes pour divers ouvrages, 47.—D'ap. *Deveria*, 16. La plupart avant la lettre, sur chine; en tout, 63 p.

687 — Petites Vignettes pour les Contes de La Fontaine, 67 sujets différents, 10 p. Compositions différentes ou avec changements, plus 14 doubles avant ou avec la lettre ; en tout, 90 p.

688 **De Seve** (D'ap). Sujets d'animaux et d'enfants, la plupart superbes ép. 24 p.

689 Eaux-fortes pures, de Vignettes de divers maîtres, 100 p.

690 **Eisen** (D'ap.). Vignettes pour divers ouvrages, 300 p. 3 lots.

691 — Fleurons, Entêtes et fins de pages, Armoiries, Sujets d'enfants, Titres, etc. 345 p. 7 lots.

692 — Vignettes, Entêtes et fins de pages, Fleurons, etc., pour la Tragédie de Wenceslas et autres, 94 p.

693 **Gillot.** Fables de Lamotte, Costume d'homme accoudé, eau forte de Watteau et petites réductions d'après lui, 25 p.

694 **Gravelot** (D'ap.). La Partie de chasse d'Henri IV, 7 p. grand in-8.

695 **Gravelot** (D'ap.). Vignettes, Fleurons, Sujets d'enfants, Entêtes et fins de pages, etc., 234 p. 3 lots.

696 — Vignettes pour les Contes moraux de Marmontel, par Le Mire, De Longueil et autre, et le portrait par Saint-Aubin. 25 p. très-belles ép. toute marge.

697 — Iconologie, par Figures, Allégories, Emblèmes, par Gravelot et Cochin, et autres vignettes réunies dans un album, in-8, oblong, dem.-rel. 240 p.

698 — Iconologie, par Gravelot et Cochin, 180 p.

699 — Iconologie, ép. avant la lettre, 146 p.

700 — Iconologie, ép. à l'eau forte pure, 57 p.

701 GRAVELOT. Lit de Justice de S. M. Louis XV, charmant dessin, in-4, le trait à la plume, lavé de bistre, d'une grande finesse et légèreté d'exécution.

702 **Gravures sur bois**, tirées des livres français du XVe siècle, in-4. Paris, Labitte, 1868, en feuilles dans un portefeuille.

703 — Entêtes et fins de pages, Fleurons, Lettres, etc., plus de 160 p.

704 — Modernes, Sujets fantastiques de *Johannot* et autres, 66 p.

705 **Greuze** (D'ap.). La Malédiction paternelle. Le Fils puni, 2 petites p. in-8, gravées de mémoire, 3 planches différentes de chaque, par Massard ? Moreau ? etc., chez Civil, chez Lefort, etc., plusieurs doubles. 10 p. en tout.

706 **Johannot** (D'ap. Tony). Vignettes pour Scribe, 87 p. sur chine.

707 — Raffet, vignettes pour divers ouvrages, 26 p.

708 **Le Barbier** (D'ap.) et autres. Vignettes diverses, 42 p.

709 **Longueil** (De). La marquise de Ganges, entre ses frères qui lui offrent le choix de la mort, in-8, d'ap Marillier.

710 — Vignettes, entêtes et fins de pages, 90 p.

711 **Marillier** (D'ap.). Vignettes pour divers ouvrages, 176 p. 2 lots.

712 — Entêtes pour Fables de Dorat et autres, Contes, etc. 125 p.

713 — Titres charmants d'ornementation pour Poésies, Idylles, Contes, pour Dorat et autres. 50 p.

714 — Fleurons pour Dorat, titres, entêtes et fins de pages. 100 p.

715 — Titres doubles pour chansonnier, entêtes, etc. 50 p.

716 **Martinet** (Chez). Le bon Jardinier, ou travaux qui se font pendant l'année dans les parterres, in-8, colorié, toute marge. 13 p.

717 **Moreau** le jeune et autres. Entêtes de pages, sujets historiques, grand papier, avant la lettre 20 p.

718 — Entêtes de pages, sujets historiques avant la lettre, avec marges, 50 p.. des doubles.

719 — Costume physique et moral, au XVIIIe siècle, in-8. 18 p. avec différences de titres, ou avant la lettre. — Copies par Gleich, in-8. Sanguine, 11 p. — Et 4 d'ap. Freudeberg, dont 1 avant la lettre, en tout, 33 p.

720 — Les Grâces, 8 p. in-8. Superbes ép.

721 — Vignettes pour divers ouvrages, in-8 et in-4, 80 p.

722 — Entêtes de chapitres, 35 p. des doubles.

723 — Fleurons, fins de pages. 40 p.

724 — Titres des à propos de société. Les Grâces, 6 p. et Costume physique et moral, in-8. 20 p.

725 **Moreau** le jeune (D'ap.), suite complète de vignettes pour Molière (la 1re), avec le portrait de Molière de Cathelin, ép. retouchées avant la lettre. 34 p. Toute marge.

726 — Suite complète de Vignettes pour Molière (la 2e), avec le portrait de Molière de Saint-Aubin, 31 p. toute marge.

727 — Vignettes pour divers ouvrages, in-8 et in-4, la Peinture, la Sculpture. Entrée d'Henri IV à Paris, etc. 45 p.

728 **Moreau** le jeune (D'ap.). Histoire d'Héloïse et d'Abeilard, par Delvaux, Le Mire et autres, in-4, 8 p. avant la lettre. Superbes ép. Complet.

729 **Prudhon** (D'ap.). La Loi, par Copia, très-belle ép. marge.

730 — La Grotte, superbe ép. avec la tablette, rare.

731 — Enfant aux pieds d'une femme et d'un sauvage américain, très-rare.

732 — Vignettes pour Rousseau, avec le portrait, 5 p.

733 — Dafni e Cloe, avant et avec la lettre; Aminta, avant et eau-forte. — Abrocome et Anzia, avant et avec la lettre. 6 p.

734 — Phrosine et Melidor, in-8, avec, avant la lettre, blanc, chine, et eau-forte. 4 p.

735 — Roi de Rome, Naufrage de Virginie, Zéphir, Soif de l'or, Enlèvement de Psyché, Assomption, Jocaste, etc. 15 p.

736 **Prudhon** et Gérard (D'ap.). Illustration, in-4, pour Daphnis et Chloé, 9 p. avant la lettre ; on a joint la Lutte fac simile, d'après Prudhon. 10 p.

737 Petites réductions d'après Boucher, Chardin, Watteau et autres, petits sujets gracieux de *Diacre*, *Picart* et autres, dits tabatières. 270 p. **3 lots.**

738 Petits Sujets gracieux, les Pétards, les Jets d'eau et autres, tabatières, etc. 50 p.

739 Almanach, 1784, des marchés de Paris, avec des chansons, dédié à Marie Barbe, fruitière orangère. 13 vignettes, d'ap. (*Quevérdo*, texte et musique gravée, petit vol. très-original.

740 Almanachs. Suite de Vignettes, pour le petit Gessner, l'Enchanteur et autres, 5 suites de 12 p. En tout, 60 p.

741 Les Jeux innocents, la Courte-Paille, la Bascule, le Cheval-Fondu, les Quatre-Coins, la Main-Chaude, etc. 10 charmantes petites p. gracieuses remargées, in-4.

742 Almanach des dames, Vignettes et Portraits, 125 p., des doubles.

743 **Armoiries** avec supports, Allégories, 80 p.

744 **Entêtes** de Pages, avec et sans texte, 294 p.

745 **Fleurons** et fins de pages, plus de 300 p.

746 — Avec le portrait de Choffart ? 41 p.

747. **Frontispices**, Titres, Cartouches, anciens et modernes, 260 p. 2 lots.

748. **Histoire ancienne**. Vignettes, Compositions, scènes de l'Histoire grecque et Romaine, in-8, nombre superbes ép. sur chine, statues, etc. 100 p.

749. — Portraits d'auteurs grecs et latins, Personnages célèbres de l'antiquité, in-8, par Saint-Aubin, Sixdeniers, Tardieu et autres, 515 p. 5 lots.

750. **Scènes théâtrales** et autres vignettes, d'après Desrais, Duclos, Martinet, Queverdo, etc. 76 p. 2 lots.

751. Sujets d'Enfants. d'ap. Gravelot et autres. 155 p.

752. Sujets à deux faces. Haut et bas commerce; 20 et 70 ans; 1814-1830; Jeune et simple Vieille et prétentieuse; avant et après la guerre; Douceur Cruauté; le Départ le Retour; la Paix la guerre; Brouille racommodement; et autres dessins originaux et gravures, Chaque contraste au revers tient le même galbe. 35 p.

753. Doctrine des mœurs. 100 p.

754. Fleurons, sujets d'Enfants, vignettes diverses et sujets par le Prince. 66 p. collées dans un vol. in-4.

755. Deuxième Cahier de vignette et ornements, têtes de lettres de l'imprimerie des armées à Bruxelles. 46 p. époque de la révolution, collées dans un album.

756. Pièces en couleur par Sergent, Chromo, et autres petits sujets de pastorales, etc. 45 p.

757 **Vignettes anglaises**. D'ap. Smirke, Stottard, Corbould. Vues, etc. 95 p.

758 — Vignettes modernes de divers ouvrages, 300 p. 3 lots.

759 — Vignettes, divers formats tirées de collections diverses environ 2,300 formera plusieurs lots.

VIGNETTES DIVERSES

CLASSÉES PAR NOMS D'AUTEURS

760 **Anacréon.** D'ap. Queverdo par Gaucher, Vénus anadiomène, les Grecs, par Girardet avant et avec la lettre. 18 p.

761 **Berquin.** Idylles. Vignettes par Borel, le Barbier, Moreau et autre, grand nombre avant la lettre, nombre grand papier 190 p. des doubles.

762 Illustration petit in-fol. pour Salomon. Gessner, avec portraits, par Chodowiecki, Chevillet et autres. 26 p.

763 **La Borde** (de). Vignettes par *Moreau* pour les chansons rares et superbes ép. avant les cadres, 7 dont une planche différente, et 5 avec les cadres et avant la lettre, la Jeune fille et sa chatte, les Baigneuses, Fuyez chez Cidamant sont remargées, 12 p. dont 8 grandes marges.

764 **La Borde** (de). Portrait, titre du 1er vol. Frontispice et 27 vignettes, par Moreau dont 3 avant la lettre, 2 remargées, en tout, 30 p. gr. marges.

765 — Portrait de Marie-Antoinette, titre du tome II. 31 vignettes la plupart grandes marges pour les tomes II et III, en tout. 32 p.

766 — Titre du Tome IV avant la lettre et 25 vignettes grandes marges dont une seule remargée. 26 p.

767 — 73 Chansons en musique et tables des 4 vol. Défets.

768 — Vignettes par Moreau pour les chansons, 22 p. y compris titre et Frontispice du 1er vol. 1 remargée.

769 — Titre du II vol. et vignettes pour le 2e et 3e vol. 30 p. 2 remargées.

770 — Titre et vignettes pour le IV. vol. 19 p. dont 4 remargées.

771 — Vignettes pour les 4 vol. défets. 41 p. quelques doubles.

La Fontaine. Contes in-fol. par de Larmessin.

772 — Le Fleuve Scamandre, d'ap. *Boucher*. marge.

773 — La Courtisane amoureuse, d'ap. *Boucher*.

774 — Le Calendrier de vieillards. — la Matrone, d'Ephèse, d'ap. Coypel. 2 p.

775 — D'ap. Eisen, le Cas de conscience, marge.

776 — Promettre est un et Tenir c'est un autre.

777 — La Gageure des trois commères. — Les Rémois, rogné. — le Cuvier. 3 p.

778 — La Clochette, d'ap. Le Mesle. — la chose impossible. d'ap. Lorrain. 2 p.

779 — D'ap. Pater : la Courtisanne, le Savetier, les Aveux. 3 p.

780 — Le Baiser rendu. — les Aveux indiscrets. 2 p.

781 — D'ap. Vleughels, le Bast, rare.

782 — Frère Luce. Belle ép. marge.

783 — La Jument du compère Pierre.

784 — Le Villageois qui cherche son veau.

785 — D'ap. Schall, le Cuvier, le Bast, le Gascon puni, la Servante justifiée, le Poirier enchanté, 5 p. rognées.

786 — D'ap. Mariller, 3 pièces in-8, avec plusieurs sujets réunis gravés, un par Delvaux et les autres par Ponce remargés comme chine, in-4. Très-belles ép.

787 **Lucrèce.** 7 suites de vignettes composées de 7 p. en tout. 63 p. in-8.

788 **Palissot.** La Dunciade, avant et avec la lettre et autres vignettes pour ses œuvres avec le portrait par Choffart. 29 p.

789 **Racine** (J.). Album in-fol. de gravures pour ses œuvres, d'ap. Prudhon, Moitte, Girodet, Gérard, Taunay, Chaudet, Peyon, Serangeli, Magnifiques ép. avant la lettre (très-rare), les noms d'artistes, pièces, actes et scènes sont au bas, demi-reliure maroquin Lavallière: le titre de Prudhon est avec les noms d'artistes à la pointe. Superbe vol.

790 **Rousseau** (J.-J.). Vignettes in-4, gravées par Delaunay Duclos, le Mire et autres d'ap. *Moreau*. 21 p. la plupart avec marge.

791 **Shakespeare.** Suite complète de 77 vignettes et portraits pour les œuvres complètes, gravées en Angleterre en 1772 et années suivantes. Types et figures des acteurs dans leurs rôles, d'ap. les dessins d'Eward et de Dance. Très-bel. ex. rare.

792 — Réunion de vignettes au trait et autres sur bois à 2 sujets à la feuille pour son théâtre. 109 p.

793 — Suite complète de 38 planches, contenant chacune 6 sujets sur bois, c'est-à-dire 228 sujets et le portrait pour les œuvres complètes. 2 beaux exemplaires, édition de Londres, 1825, 1826.

794 — Œuvres complètes. 76 sujets sur bois sur 38 p. édition de Paris, 1839.

795 — Suite de 37 p. d'ap. Gravelot remargées gr. in-8. Ces vignettes, publiées en Angleterre, sont très rare en France.

796 — Choix de vignettes d'ap. divers artistes, sur acier et sur bois. 34 p. Belles ép. gr. in-8.

797 — Vues des lieux remarquables et intérieurs avec scènes. 43 vignettes anglaises remargées comme chine, gr. in-8, bel. ex. venant de la vente Armand Bertin.

798 — Portraits des Héroïnes des pièces. 40 p. Bel. ex. papier blanc gr. in-8.

799 — Réunion de Vignettes d'ap. Smirke et autres. 14 p.

800 — Portraits, Vues et Vignettes par Harding et autres. 150 p., ouvrage rare, remargé comme chine, in-4, de la vente Armand Bertin.

801 — Collection de 60 vignettes gr. in-8, pour les œuvres complètes, d'ap. les peintres les plus célèbres du XVIIIe siècle. Cette suite peut servir à toutes les éditions. 4 suites.

802 **Térence.** Vignettes par B. Picart et titre. 47 p. par Chauveau, Choffart, d'ap. Cochin, Gravelot, etc. 30 p. en tout. 78 p.

803 Vignettes pour Virgile, d'après *Fragonard, Le barbier*, etc. 6 p. in-4, avant la lettre, toute marge.

804 Vignettes pour le poëme sur la musique d'Iriarte, en 6 chants; ces sujets peuvent se placer dans Rousseau. 60 collections. 3 lots.

SUITES COMPLÈTES DE VIGNETTES

POUR ILLUSTRATION

(Chaque suite sera vendue séparément)

805 **Album religieux**, contenant la Bible de Furne. 34 p. d'ap. les grands maîtres, ép. avant la lettre, sur chine. — Histoire universelle de Bossuet. 12 p. édition Curmer, ép. de toute rareté avant les cadres, sur chine. Imitation de Jésus-Christ, d'ap. Owerbeck. 12 p. avant la lettre sur chine. —La Cène et autres sujets d'ap. les grands maîtres, gravés en Angleterre et en

France, avant la lettre sur chine. En tout 66 p. Magnifique vol. in-fol., dos et coins m. chagrin grenat, tranche dorée.

806 **Andrieux**, d'ap. *Desenne*, 4 Vignettes par *Le-roux* et autres et le portrait par *Delvaux*. 5 p. Superbes épreuves avant la lettre grand papier, 2 exemplaires.

807 **Barthelemy**. Anacharsis, d'ap. *Colin*. 7 p. Superbes ép. in-8, avant la lettre, sur chine, plus les 7 eaux-fortes et 6 portraits différents en tout 20 p. grand papier.

808 **Barthelemy**. Anacharsis d'ap. *Deveria*, 29 p. in-12. Très-belles ép. avant la lettre tirage, gr. in-8.

809 **Beaumarchais**. Mariage de Figaro par *Cho-dowiecki*, 9 très-petites pièces remargées grand in-8.

810 — Mariage de Figaro d'ap. *Saint-Quentin*, 5 p. grand in-8, par *Malapeau*. Belles ép.

811 — Mariage de Figaro, d'ap. *Saint Quentin*, 23 p. au trait, ép. avant la lettre, in-8, avec la même suite avec la lettre moins le numéro 14, en tout 49 p.

812 **Beaumarchais**. Théâtre, d'ap. *Duvivier*. 6 p. en 3 états, eaux-fortes, avant et avec la lettre, in-12; en tout 19 p. 7 exempl.

813 **Beaumarchais**. Théâtre, d'ap. *Johannot*. 5 p. in-8, en 3 états, eaux-fortes, avant et avec la lettre. 15 p. gr. papier.

814 — La même suite, Théâtre, d'ap. *Johannot*. 5 p. très-belles ép. avant la lettre, chine, grand papier.

815 — La même suite sur blanc. 5 p. avant la lettre, grand papier.

816 **Beaumarchais.** Réunion de Portraits et sujets divers pour le théâtre. 25 p. grand et petit papier.

817 **Béranger.** Suite de 104 p. in-12, à claire-voie, d'ap. Bellangé, Charlet, Fragonard, Grandville Grenier, Johannot, E. Lami, Vernet et autres. Belles ép. gr. papier 2 exemplaires.

818 **Béranger**, d'ap. *Grandville*. 120 p. sur bois, ép. papier de Chine volant.

819 **Béranger**, d'ap. *Lemud*, *Sandoz* et autres. 52 p. gr. in-8 pour la dernière édition.

820 **Berchoux.** OEuvres. Gastronomie et autres, d'ap. *Desenne* et *Deveria*. 4 p. in-8, avant la lettre sur chine, gr. papier. 8 exemplaires.

821 **Bernardin de Saint-Pierre.** OEuvres complètes, portrait et vignettes d'ap. divers. 28 p. 3 exemplaires.

822 — Paul et Virginie. 6 p. sur bois par *Le Blanc* d'ap. *Bertall*. 5 exemplaires.

823 — Portraits par *Wedgwood*. Paul, Virginie, vignette anglaise; la Mort de Virginie. Très-rare. 4 p. sur chine.

824 — Paul et Virginie, par *Corbould*. 5 p. eaux-fortes pures, 2 exemplaires sur chine, grand papier.

825 — Paul et Virginie et la Chaumière indienne, par *Corbould*. 9 p. à claire-voie, eaux-fortes pures, sur chine, gr. papier.

826 — La même suite, superbes ép. avant la lettre sur chine, avec le portrait. 10 p. grand papier.

827 — La même suite avant la lettre sur blanc, avec le portrait avant la lettre chine. 10 p. grand papier. 3 exemplaires.

828 — La même suite, in-8, avec la lettre. 9 p.

829 **Bernardin de Saint-Pierre.** Paul et Virginie et la Chaumière indienne. 11 p. d'ap. *Corbould* gravées par *Wedgwood*, avant la lettre, sur chine, tirage in-fol., magnifiques ép. Très-rare de cette condition avec les 11 eaux-fortes, en tout 22 p. Les planches ont disparu dans une traversée pour la Russie.

830 — La même suite de 11 p. avant la lettre sur blanc, tirage in-fol.; le portrait est sur chine. Superbes ép.

831 — La même suite de *Corbould*, Paul et Virginie et la Chaumière indienne, 8 vignettes, le portrait et 3 petites claires-voies; en tout 12 p. eaux-fortes pures. Il y a la pièce qui n'a jamais été terminée, très-rare 2 exemplaires sur blanc, gr. papier.

832 — La même suite, 11 pièces gravées par *Corbould* et *Wedgwood*. Superbes. ép. grand in-8, avant la lettre sur chine, cette suite est devenue très rare, les planches furent perdues dans un naufrage. 3 exemplaires.

833 — La même suite. 11 p. de *Corbould* et *Wedgwood* grand in-8, avant la lettre sur blanc, très-rare. Les planches disparurent dans un naufrage 3 exemplaires.

834 — La même suite. 11 p. superbes ép. avant la lettre sur chine, grand in-8. 2 exemplaires.

835 — La même suite, 11 p. Très-belles ép. avec la lettre sur blanc. 2 exemplaires.

836 — Paul et Virginie et la Chaumière indienne, d'ap. *Desenne*. 2 portraits dont un fleuron, 7 p. Superbes ép. avant la lettre, chine, gr. papier, *édition Janet* 2 exemplaires.

837 — La même suite papier blanc, in-8, avant la lettre, le portrait titre, et celui de *Wedgwood*, avant la lettre, chine, avec les eaux-fortes pures, *édition Janet*. En tout 12 p.

838 — Paul et Virginie et la Chaumière indienne, d'ap. *Desenne*, in-12. on a joint les portraits de Bernardin, de Paul et de Virginie, en tout. 8 p. avant la lettre sur chine gr. in-8. *Édition Mequignon*.

839 — La même suite. 8 p. avant la lettre, 5 blanc et 3 chine. *Édition Mequignon*. 2 exemplaires.

840 **Bernardin de Saint-Pierre.** Paul et Virginie et la Chaumière indienne d'ap. *Desenne*, in-8 4 p. gravées par *Heath*, le joli fleuron berceau des enfants, le portrait et les épisodes du voyage de Bernardin à l'Ile de France par *H. Dupont* et autre en tout. 8 p. avant la lettre sur blanc tirage in-fol. le portrait est sur chine.

841 — La même suite, 7 p. tirage grand papier sur chine. 2 p. sont sur blanc.

842 — La même suite. 5 p. à l'eau-forte in-8, y compris ce fleuron.

843 — La même suite, in-8, 10 p. avant la lettre sur chine le fleuron les 3 portraits, etc. Superbes ép.

844 — La même suite de 9 p. dont 3 sur chine. 2 exemplaires.

845 — La même suite de 9 p. dont 2 sur blanc.

846 **Bernardin de Saint-Pierre.** Paul et Virginie et la Chaumière indienne, d'ap. *Me Fauchery*, 4 sujets sur 2 feuilles avant la lettre et les eaux-fortes, 8 sujets sur chine, 2 exemplaires et 2 exemplaires a 6 sujets.

847 — Paul et Virginie et la Chaumière indienne. 39 p. papier de chine volant gr. in-8, vignettes sur bois édition Curmer on a ajouté le portrait par *Wedgwood* avant la lettre chine, 2 exemplaires.

848 **Bernardin de Saint-Pierre.** Œuvres. 20 vignettes d'ap. Desenne, Girodet, Lafitte, Moreau Prudhon, par Dieu, H. Dupont, de Longueil, Roger, etc. Portrait de l'auteur, Paul et Virginie, Philocles dans l'île de Samos, et une vignette pour la chaumière, sur blanc et les Moreau qui sont toujours tirés sur blanc, le reste est sur chine gr. in-8.

849 — Vignettes avant la lettre sur blanc, de marge différentes 16 p. le portrait. Philocles, en tout. 18 p. d'ap. Desenne. Girodet, Lafitte, Moreau, Prudhon.

850 — La même suite. 9 p. eaux-fortes pures sur blanc.

851 — La même suite. 14 p. très-rare, à l'eau-forte.

852 — La même suite. 16 p. avant la lettre dont 2 portraits, 3 vignettes sont petites marges.

853 **Bernardin de Saint-Pierre.** Paul et Virginie, édition in-folio d'ap. Gérard, Girodet, Isabey, Lafitte, Moreau et Prudhon, 7 p. gravées par Ribault, Roger et autres, ép. avant la lettre, toute marge.

854 — Pièces diverses de la même suite et Portraits doubles avant et avec la lettre, 19 p. marges grand in-4.

855 **Bernardin de Saint-Pierre.** 19 portraits par Bertonnier, Lignon, Wedgwood etc. avant et avec la lettre, chine et blanc, très-belles ép. marges.

856 **Boileau.** Le Lutrin, 7 p. par *Bernigeroth*, 1746, in-8, très-belles ép.

857 **Boileau.** Œuvres. *Édition Blaise*, Portraits et Vignettes, 13 p. d'après Bergeret, Hersent. Roehn, Carle et Horace Vernet. Superbes ép. avant la lettre, sur chine, grand papier, 1 p. est sur blanc.

858 — La même suite, 13 p. superbes ép. avant la lettre, sur blanc, grandes marges.

859 — La même suite, 12 pièces in-8, grandes marges, superbes ép. d'eaux-fortes pures, le portrait de Racine n'existe pas à l'eau-forte. 2 exemplaires.

860 — La même suite, 13 p. *édition Blaise*, superbes ép. Lettres grises à un seul trait, grand in-8, 4 exemplaires.

861 — La même suite, 13 p. in-8, lettres blanches, 3 exemplaires.

862 — La même suite, 13 p. grand in-8, avec la lettre, 10 exemplaires.

863 **Boileau.** Œuvres, d'ap. *Choquet*, 8 p. in-12, avant la lettre, avec la suite des eaux-fortes, 16 p. in-8.

864 **Boileau.** Le Lutrin, 6 p. in-8, d'ap. *Cochin*. 3 exemplaires.

865 **Boileau.** Le Lutrin d'ap. *Desenne* et le portrait par *Lignon*, 7 p. avant la lettre sur chine, grand in-8, 6 exemplaires.

866 — La même suite, 7 p. avant la lettre, grand in-8, 2 exemplaires.

867 **Boileau.** Œuvres, *édition de Desmalis*, 19 vignettes sur bois et 3 frontispices d'ap. Brevière, Clerget, Deveria, Grandville, Johannot ép. avant la lettre, grand papier en tout, 22 p. 5 exemplaires.

868 **Boileau.** *Édition Didot*, 9 p. in-8, en travers, d'ap. *Fortin* gravées par *Girardet*. Superbes ép. grand in-8, avant la lettre, 12 exemplaires.

869 **Boileau.** Œuvres, par *Herrliberger*, 26 Entêtes, Fleurons et fins de pages, ornements variés, in-8, en travers, grand papier.

870 **Boileau.** Le Lutrin par *Hillemacher*, 6 vignettes in-8, en travers et Boileau avec son jardinier, 7 p. grand in-8, avant la lettre, papier de chine volant, 3 exemplaires dont 1 petit fol.

871 — La même suite avant la lettre, 7 p. papier vergé, petit in-fol, 10 exemplaires.

872 **Boileau.** Œuvres d'ap. *Monnet*, etc. et portrait, 9 petites p.

873 **Boileau.** Le Lutrin, d'après *Moreau*, 7 p. in-8, par Delvaux, Simonet et autres, superbes ép. avant la lettre, grand in-8. 4 exemplaires.

874 — La même suite, 7 p. tirage, grand in-4, superbes ép.

875 **Boileau.** Le Lutrin, d'ap. *Bernard Picart*, grand in-8. 7 p. gravées par *Robert-Delaunay* et les eaux-fortes qui sont très-rares, 14 p. Superbe exemplaire.

876 **Boileau.** Entêtes et Fleurons par *B. Picart*, 1715. 8 p. in-8 en travers. — Le Lutrin, in-4, par *Chereau*, 6 p. En tout, 14 p.

877 **Boileau.** *Édition Pourrat*, 2 vignettes sur acier à Clairevoie et 6 sur bois, en tout, 8 p. sur chine, grand papier.

878 **Boileau.** Portraits par Desrochers, Hopwood, Saint-Aubin et autres, 43 p. belles ép.

879 **Byron** (Lord). Œuvres d'ap. *Johannot*, 12 p. à l'eau-forte, grand papier, rare.

880 — La même suite, d'ap. *Alfred* et *Tony Johannot*, 12 p. avant la lettre sur chine, magnifiques ép. tirage in-fol. rare.

881 — La même suite, 12 p. avant la lettre, sur blanc, très-belles ép. tirage in-4, 2 exemplaires, rares.

882 — La même suite, 12 p. avec la lettre, le portrait chine, avant la lettre et les 12 eaux-fortes, 25 p. grand papier.

883 **Byron** (Lord). Fleurons par *Johannot*, 18 sujets à deux à la feuille. Superbes ép. avant la lettre sur chine, tirage in-folio, 3 exemplaires.

884 **Byron** (Lord). Œuvres d'ap. *Westall*, 22 p. gravées par *Heath* et autres graveurs anglais. Superbe suite, lettres grises sur chine. Tirage petit in-folio 1819. La vignette de Mazeppa sous le cheval s'y trouve; rare. Collection Labedoyere.

885 **Byron** (Lord). Œuvres d'ap. *Westall* et *Deveria*. 22 vignettes et 8 titres gravés par des artistes français. sur chine, grand papier, en tout, 30 p. 2 exemplaires.

886 **Byron** (Lord). Illustration, d'ap. *Stothard*. 7 p. in-8, vignettes anglaises, 1814.

887 — Illustration, réunion de vignettes anglaises en tout genre. Vues, Portraits de femmes et autres très-jolis. 44 p. in-8.

888 — Réunion de portraits à différents âges, avant et avec la lettre, la plupart grand papier et sur chine. 17 p.

889 **Campenon.** Enfant prodigue, 4 p. d'ap. Ducis, Isabey, Picot, gravées par Godefroy, in-8, avant la lettre, chine, grand papier. 3 exemplaires.

890 **Cervantes.** Don Quichotte, 32 p. in-12, pour une édition espagnole, Ép. avant la lettre, un certain nombre est remonté.

891 **Cervantes.** Don Quichotte, d'ap. *Courtin*, 16 p. in-12. Clairevoie avant la lettre, tirage, grand in-8.

892 **Cervantes.** Don Quichotte, d'ap. *Coypel*, 32 p. in-12, gravées par *Folkema*.

893 **Cervantes.** Don Quichotte, d'ap. *Deveria*, 6 p. in-8, avant la lettre sur blanc, grand papier, 4 exemplaires.

894 **Cervantes.** Don Quichotte par *Janet Lange*, 12 p. grand in-8, lithog.

895 **Cervantes.** Don Quichotte, d'ap. *Eugène Lami*, *Horace Vernet* et autres, 12 p., on a joint Don Quichotte lisant les romans de chevalerie et 6 vignettes pour les romans de Cervantes, en tout, 19 p. avant la lettre, chine.

896 **Cervantes.** Don Quichotte, d'ap. *Navarro*, 19 p. grand in-8, gravées par *Duflos*, rare grand papier.

897 **Cervantes.** Réunion de Portraits de Cervantes et pièces relatives à l'illustration de Don Quichotte, 17 p.

898 **Cervantes et Florian.** Don Quichotte, romans et théâtre, 80 p. à Clairevoie, d'ap. *Desenne*, 2 sujets à la feuille, tirage grand in-8, très-belles ép. avant la lettre.

899 **Châteaubriand.** Atala, René et les Abencerages, triple suite de 4 p. d'ap. *Alaux* par *Burdet*, avant la lettre, chine et blanc et avec la lettre, blanc, 12 p. grand papier, 6 exemplaires.

900 **Châteaubriand.** Atala in-4, en travers par *Bosselmann*, 6 p. on a joint une feuille contenant 8 dessins originaux in-8, au bistre, pour Atala.

901 **Châteaubriand.** Œuvres d'ap. *Alfred* et *Tony Johannot*, 24 p. magnifiques ép. avant la lettre sur chine; tirage in-folio très-rares, 2 exemplaires.

902 — La même suite, avec le portrait, 25 p. avec la lettre, grand in-8, *Édition Furne.*

903 — Œuvres. Fleurons dessinés et gravés par *Johannot*, 16 p. 2 à la feuille, avant la lettre sur chine, grand papier.

904 **Châteaubriand.** Œuvres d'ap. *Le Barbier*, etc. 9 p. édition 1809, avant la lettre, rares; on a joint les 6 p. pour Atala et Rene par *Saint-Aubin* et *Choffart* et une eau-forte de Rene, en tout, 16 p. grand in-8.

905 **Châteaubriand.** Œuvres d'ap. *Philippoteaux Staal* et autres, 100 vignettes et portraits, in-8, avant la lettre, grand in-8 sur chine, 2 exemplaires.

906 — Mémoires d'outre-tombe, d'ap. *Philippoteaux*, 48 p. avant la lettre sur chine, grand in-8.

907 **Châteaubriand.** Œuvres. *Édition Pourrat*, 90 vignettes, Portraits, Vues, Cartes in-8, sur chine d'ap. Delaroche, Johannot, Raffet, Horace, Vernet et autres, très-belles ép. grand papier.

908 — La même suite, 90 p. sur blanc, belles ép. grand papier.

909 **Cooper** (Fenimore). Œuvres dessinés et gravés à l'eau forte, par *Johannot*, 27 p. magnifiques ép. avant la lettre sur chine, tirage in-folio, très-rare. 2 exemplaires.

910 — La même suite, 34 p. avec la lettre, épreuves retouchées par *Bouvier* tirage in-4.

911 — La même suite, 24 p. avec la lettre, retouchée par Bouvier *édition Furne*, tirage grand in-8.

912 — Fleurons dessinés et gravés par *Johannot*, 27 sujets à deux à la feuille, avant la lettre sur chine. Superbes épreuves de graveurs, tirage in-folio, suite rare, 2 exemplaires.

913 **Corneille** (P.). Œuvres d'ap. *Bayalos*, 12 p. grand in-8, édition Furne.

914 **Corneille** (Pierre et Thomas). Œuvres d'ap. *Brissart*, 33 p. in-12 et 33 p. in-12 pour Thomas, en tout, 66 p. 2 exemplaires.

915 **Corneille** (Thomas). Suites de vignettes anciennes, avec 2 titres ornés. 33 p.

916. **Corneille** (P. et T.) d'ap. *Deveria*, 17 p. in-12, avant la lettre, avec les 17 eaux-fortes, en tout, 34 p. in-8, 2 exemplaires.

917 — La même suite, 17 p. avant la lettre, in-8, 4 exemplaires dont un petit papier.

918 **Corneille** (P. et T.). D'ap. *Gravelot*, 35 p. in-8, très-belles ép. avant les cadres, gravées par *De Longueil*, *Le Mire* et autres, 3 exemplaires.

919 — La même suite, 35 p. remargée comme chine, grand papier.

920 **Corneille** (P. et Th.). D'ap. *Moreau* et *Prudhon* de 26 p. in-8, grand papier, extrêmement rare, complète avant la lettre, 2 p. seulement sont in-8, magnifiques ép.

921 — La même suite 26 p. avant la lettre, Medée et Nicomède sont avec la lettre, très-rare.

922 — 6 ép. à l'eau-forte, de la même suite, avec marge.

923 — La même suite, 26 p. avec la lettre sur chine.

924 **Corneille** (P. et Th.). Réunion de portraits et vignettes, pour leur illustration, *Ficquet* et autres, 77 p.

925 **Crebillon.** Œuvres d'ap. *Deveria*. 10 p. in-12, avant la lettre sur chine, avec les eaux-fortes. 20 p. grand in-8.

926 **Crebillon.** Œuvres d'ap. *Deveria*, 7 p. in-8, avant la lettre sur chine, gravées par *Blanchard*, etc. Superbes ép. marge, très-grand in-8.

927 **Crebillon.** Œuvres d'ap. *Marillier*, 7 p. in-8, avant la lettre, rares; gravées par *Ingouf*, *Triere* etc., le portrait, 2 eaux-fortes et le sujet de Zenobie, en tout, 11 p.

928 — La même suite, 9 p., manque une vignette avant la lettre et une eau-forte de moins.

929 — La même suite, in-8, complète avec la lettre, 10 p. et le sujet de Zenobie, superbes ép. 11 p. 3 exemplaires.

930 **Crebillon.** Œuvres d'ap. *Monnet* 10 p. in-12, ép. avant la lettre, remargées à châssis, grand format.

931 — La même suite, 10 p. avant la lettre, petit papier, belles ép. 6 exemplaires.

932 — La même suite, avec la lettre, remargée comme chine, grand papier.

933 **Crébillon** d'ap. *Moreau*, 10 p. in-8, superbes ép. avant la lettre, rare, gravées par Delvaux, Ribault, Simonet, grand papier.

934 — La même suite, 10 p. avant la lettre, grandes marges. Le triumvirat est avec la lettre.

935 — 5 eaux-fortes de la même suite, grand in-8, très-rares.

936 **Crébillon.** D'ap. *Peyron*, 10 p. in-8, 6 ép. avant la lettre, 4 avec, on a joint 8 ép. d'eaux-fortes, grand papier, 18 p.

937 — La même suite, 10 p. avec la lettre, on a joint 8 eaux-fortes, grand papier, 18 p.

938 — La même suite, 10 p. in-8, avec la lettre, belles ép. 4 exemplaires.

939 **Crébillon.** Portraits par Balechou, Bertonnier, Cathelin, Ficquet, Ingouf et sujets pour son illustration, 28 p. de divers formats.

940 **Daniel de Foe.** Robinson Creusoé d'ap. *Desrais*, 24 p. suite curieuse et rare.

941 **Daniel de Foe.** Robinson Crusoé d'ap. *Deveria*. Superbes ép. avant la lettre chine, ép. d'artistes, 6 p. grand papier, 2 exemplaires.

942 — La même suite, très-belles ép. 6 p. avant la lettre chine, grand papier, 2 exemplaires.

943 — La même suite, très-belles ép. 6 p. avant la lettre sur blanc, grand papier, 3 exemplaires.

944 — La même suite avec la lettre, 6 p. remargées comme chine, grand papier.

945 **Daniel de Foe.** Robinson Crusoé d'après *Gavarni*, 16 p. grand in-8, 2 exemplaires.

946 **Daniel de Foe.** Robinson Crusoé, 8 vignettes in-12, gravées par *Godin* au XVIIIe siècle, édition anglaise.

947 — La même suite, 7 vignettes.

948 — Robinson Crusoé, vignettes anglaises, 1831, 6 p. remargées comme chine, grande marge.

949 **Daniel de Foe.** Robinson Crusoé d'après *Grandville*, 40 p. papier de chine, 2 exemplaires.

950 **Daniel de Foe.** Robinson Crusoé d'ap. *Monnet*, 16 p. in-12, avec les cadres.

951 — La même suite, 16 p. sans les cadres.

952 **Daniel de Foe.** Robinson Crusoé, par *B. Picart*, 12 p. in-12.

953 — La même suite contre partie, 12 p. in-12.

954 — La même suite de *B. Picart* et autres anglaises de *Lodge*, 21 p. remarquées comme chine, grand in-8.

955 **Daniel de Foe.** Robinson Crusoé, 42 p. à l'eau forte, par *de Sainson*, format in-8.

957 **Daniel de Foe.** Robinson Crusoé, d'ap. *Stothard*, le portrait et vignettes par *Delvaux*, 16 p. et 2 d'ap. *Duvivier*, par *Dupreel*, en tout 18 p. avant la lettre, marge, petit in-4. Très-bel exemplaire de la vente Labedoyère.

958 — La même suite avec les 3 titres et le portrait, 22 p., grand papier, 2 exemplaires avec la lettre.

959 — Robison Crusoé, d'ap. *Stothard*, gravé par *Heath*, 22 p. Superbes ép. avant la lettre sur chine, tirage in-fol. Magnifique exemplaire.

960 **Delavigne** (Casimir). Théâtre, messéniennes et poésies diverses. 27 p. d'après *Deveria* 1re édition de Ladvocat. Superbes ép., in-8, avant la lettre, sur chine. grand papier, 2 exemplaires.

961 **Delavigne** (Casimir). Œuvres d'ap. *A. Johannot*, 13 p. Grand in-8, sur chine.

962 — La même suite, grand in-8, sur blanc, 13 p. 5 exemplaires.

963 **Delille.** Virgile et Milton, 22 vignettes claire-voie in-12, d'ap. divers artistes, ép. avant la lettre sur chine. Très-grand papier, marge in-4.

964 **Delille.** Virgile et Milton, d'ap. *Johannot*, 12 p. in-8, avant la lettre sur chine, tirage, petit in-folio. Magnifique.

965 — La même suite avec la lettre, 12 p. Grande marge.

966 **Delille.** Virgile et Milton, 18 p., grand in-8, avant la lettre sur chine, d'ap. Desenne, Gerard. Girodet, Moreau, Westall, on a joint les 16 fleurons sur bois, papier de chine volant, en tout 34 sujets. 2 superbes exemplaires.

967 **Ducis.** Œuvres, 22 p. in-12, d'ap. *Desenne* et autres, avant la lettre chine. Grand papier.

968 **Ducis** (d'ap.). Suite complète de 4 vignettes pour la vie du Tasse, grand in-8, gravées par *Pauquet*, avant et avec la lettre, 8 p. Superbes ép., tirage in-folio. 10 exemplaires.

969 **Fénelon.** Télémaque, d'ap. *Bonnard*, 24 p. par *Giffart*, et le portrait, suite curieuse. 3 exemplaires.

970 — Petite suite ancienne, gravée par le Bas, 25 p.

971 — Télémaque, d'ap. *Deveria*, 7 p., et le portrait avant la lettre, avec les eaux fortes, 15 p. in-12. Petit papier.

972 — La même suite, 6 p., avant la lettre chine. Marge, in-4.

973 — Télémaque, d'apr. *Lefèvre*, 24 p. in-12. Belles ép., avant la lettre. Marge, grand in8.

974 — La même suite avec la lettre, 24 p. Grand in-8.

975 **Fénelon.** Télémaque, par *Manceau*, 24 p. in-8. Belles ép. sur chine, grand papier, 3 exemplaires.

976 — Télémaque, d'ap. *Marillier*, 25 p. in-8, gravées par Bacquoy, Dambrun, Deghend, Delvaux, Langlois, Masquelier, Patas, belles ép. avant la lettre. Grand papier, 8 exemplaires.

977 — Télémaque, d'ap. *Monnet*, 24 p. in-8, gravées par *Delaunay*, suite, rare avant la lettre, édition de 1811, 23 entêtes de pages, d'ap. *Monnet*, avant la lettre, édition de 1759, l'entête du livre 8 manque. En tout 47 p.

978 **Fénelon.** Télémaque, d'ap. *Monnet*, 72 p. in-4, remargées, grand in-4, sans les bordures.

979 **Fénelon.** Télémaque, d'ap. *Moreau*, 25 p. in-8, et le portrait par *Delvaux*. Superbes ép. Très-rares avant la lettre, grand papier.

980 — La même suite 26 p., grand in-8, avec la lettre.

981 — La même suite 25 p., grand in-8, sans portrait.

982 — La même suite 25 p., tirage in-fol., papier fort superbes ép. très-rares, et le portrait par Saint-Aubin. Cette suite peut illustrer l'édition du Dauphin, 2 vol. in-4. 2 exemplaires.

983 **Fénelon.** Télémaque d'ap. *Queverdo*, 25 p. Superbes ép., in-12, avec les cadres avant la lettre. Très-rares, grand papier.

984 — La même suite 25 p., superbes ép., sans les cadres. Très-rares, grand papier.

985 — La même suite avec la lettre, 25 p. in-12, bonnes ép. 2 exemplaires.

986 — La même suite avec la lettre, 25 p., tirage in-8, belles ép. 2 exemplaires.

987 **Fénelon.** Portraits, par divers graveurs, 66 p. des doubles. 2 lots.

988 **Fielding.** Tom Jones, d'ap. *Borel*, 9 vignettes, in-12, marge in-8. Superbes ép. avant la lettre. 3 exemplaires.

989 — Tom Jones, d'ap. *Borel*, 9 vignettes in-8, avant la lettre. Grand papier.

990 — Tom Jones et les romans, traduction de La Place, 24 vignettes d'ap. *Borel*, belles ép. avant la lettre, grand in-8. Rare.

991 — Tom Jones. d'ap. *Gravelot*, 16 pièces in-12, bonnes ép.

992 — Tom Jones, d'ap. *Johannot*, 6 p. sur chine, grand papier. 5 exemplaires.

993 **Gœthe.** Faust, par *Johannot*, 11 p. in-8, avant la lettre sur chine, magnifiques ép. tirage in-folio, avant les noms des artistes.

994 **Gœthe.** Werther, 10 p. in-8, dessinées et gravées par *Tony Johannot*, magnifiques ép. avant la lettre sur chine, tirage grand papier, limité à 90 exemplaires.

995 — La même suite, 10 p. in-8, avant la lettre, sur chine.

996 **Gœthe.** Werther, d'ap. *T. Johannot*, 4 p. gravées par *Burdet*. Superbes ép. avant la lettre sur chine, plus 3 portraits de Gœthe, en tout 7 p., grand in-8.

997 — La même suite, 4 p. avant la lettre et 3 portraits de Gœthe, en tout 11 p. grand in-8.

998 **Gœthe.** Werther, d'ap. *Moreau*, 3 p. in-8. Superbes ép. avant la lettre, gravées par *de Ghendt* grand papier. 2 exemplaires.

999 **Graffigny** (Me de). Lettres d'une Péruvienne, d'ap. *Lefevre*, gravées par *Coiny*, 8 p. in-12, tirage grand in-8, avant la lettre avec les eaux fortes, 16 p.

1000 — La même suite, 8 p. grand in-8, avant la lettre.

1001 — La même suite, 8 p. petit papier. 2 exemplaires.

1002 **Gresset.** Œuvres complètes d'apr. *Deveria*, 9 p. in-12, avant la lettre, blanc, grand papier. 2 exemplaires.

1003 **Gresset.** Vert-Vert d'après *Monnet*, 4 p. avec entourage, grand papier in-4, avant la lettre, 5 p. sans marge. En tout 9 p.

1004 **Gresset.** Œuvres complètes, d'ap. *Moreau*, 7. p. in-12, avant la lettre. Superbes ép. 5 p. sont supérieurement remargées à clairevoie, suite très-rare, marge, grand in-8.

1005 — La même suite, in-12, 7 p. avec la lettre. Superbes ép., tirage in-8.

1006 **Gresset.** Œuvres complettes d'ap. *Moreau*, 9 p. pour l'édition in-8, magnifique suite avant la lettre. Très-grand papier, de toute rareté.

1007 — La même suite 9 p. avant la lettre, le portrait et une autre pièce, marge in-8. Superbes ép.

1008 **Gresset.** Œuvres complètes, 7. p. in-8, genre de Binet. Belles ép., grand papier, rare.

1009 **Gresset.** Œuvres complètes, 10 p. in-8, dessinées par *Laville*, et gravées sur bois par *Lacoste*.

1010 **Gresset.** Réunion de Vignettes et portraits divers de différents formats pour son illustration, 14 p. de différents états.

1011 **Henault.** Portraits allégoriques pour l'Histoire de France, jusqu'à Louis XIV d'ap. *Cochin*, 35 p. in-4.

1012 **La Bruyère.** Caractères, d'ap. *Grandville*, 26 p. avant la lettre sur chine, et 10 portraits, en tout 36 p.

1013 **La Fontaine.** Contes, 65 petits sujets et fleurons, tirés d'une édition d'Amsterdam. 1776, 2 vol. in-8. Exemplaires de la vente Sylvestre.

1014 **La Fontaine.** Fables, charmantes compositions allégoriques, 12 p. grand in-8, d'ap. *Bergeret*, gravées par *Pauquet*, et autres, magnifiques ép. avant la lettre, tirage papier petit in-fol, 12 exemplaires.

1015 — Fables d'ap. *Choquet*, 24 p. in-18. Belles ép.

1016 **La Fontaine.** Fables, in-12, d'ap. Couché, Le Maître, Ransonnette, Susemiht, 60 p., tirage grand in-8, avant la lettre, 9 exemplaires.

1017 **La Fontaine.** Fables, 276 p., par *Coiny* et *Simon*. Belles ép. avec cadre.

1018 — Contes, 11 p. in-12. Amsterdam, chez Henri Desbordes. Rare.

1019 **La Fontaine.** Œuvres complètes, d'ap. *Desenne*, in-12, 20 p. avant la lettre, 5 exemplaires, dont 2 grand papier.

1020 — La même suite avant la lettre et 16 eaux-fortes en plus, en tout 36 p., 6 exemplaires in-8.

1021 — La même suite, 20 p. avant la lettre. Grand papier.

1022 — La même suite, 20 p. Superbes ép. avant la lettre, grand in-8. Rare.

1023 — La même suite, 20 p. avant la lettre, grand in-8, lavé et encollé. Rare.

1024 — La même suite, 20 p. remargée, grand in-8.

1025 — La même suite, 20 p. à l'eau forte, marge in-8. Très-rares, 2 exemplaires.

1026 — La même suite, 20 p. avec la lettre remargée, grand in-8.

1027 — Fables, 60 vignettes, in-12, d'ap. divers artistes ép. avec la lettre sur chine. Marge, grand in-8.

1028 — Contes, Psyché, Théâtre, 85 p. avant la lettre, remargées comme chine. Grand papier.

1029 — Fables, Contes, Théâtre, Psyché, 138 p., grand in-8, ép. avant la lettre avec encadrements, plusieurs sujets avec différences.

1030 — D'ap. *Desenne* et autres, Contes, Fables, Théâtre, Psyché et le portrait, 145 p. in-12, tirage in-8, avant la lettre.

1031 **La Fontaine**. Fables, Contes, Théâtre, Amours de Psyché, d'ap. *Desenne*, *Duplessis-Bertaux* et autres, 189 p. grand in-12, ép. avant la lettre. Plusieurs sujets sont avec des changements, 4 exemplaires.

1032 — La même suite de 189 p., format in-8, 4 exemplaires avant la lettre.

1033 — La même suite, 164 p. Œuvres complètes, avant la lettre chine avec cadres. Grand papier.

1034 — Fables, 60 vignettes d'après différents artistes, ép. avant la lettre sur chine avec encadrements.

1035 **La Fontaine.** Contes, d'ap. *Desrais*, 1775, 25 p. in-18, très-belle suite. Très-rares, 2 exemplaires.

1036 **La Fontaine.** Contes, d'ap. *Duplessis-Bertaux* et autres, 95 p. avant la lettre sur chine, marge, très-grand in-8, 7 exemplaires.

1037 — La même suite, 95 p., *édition Cazin*, ép. en bistre, tirage, grand in-8.

1038 — La même suite, 95 p., papier vergé, grand in-8, 4 exemplaires.

1039 — La même suite, 95 p., papier velin, grand in-8.

1040 — **La Fontaine.** Contes de *Duplessis-Bertaux*, 93 vignettes avec encadrements, format in-8.

1041 **La Fontaine.** Contes, d'ap. *Duplessis-Bertaux*, *Desenne* et autres, 89 p. avec la lettre, tirage très-grand format. Belles ép., plusieurs pièces sont répétés avec différences, 3 exemplaires.

1042 — Contes, la même suite, 89 p. avec encadrements, tirage petit in-fol., plusieurs pièces répétées avec différences.

1043 — Contes, Fables, Psyché, etc., 181 p. avant la lettre, petit papier jaune, beaucoup de sujets avec différences.

1044 **La Fontaine.** Contes, d'ap. *Eisen*, 80 p. sur chine, grand in-8. Edition des Fermiers généraux, les cadres effacés.

1045 **La Fontaine.** Amours de Psyché et Adonis, d'ap. *Gérard*, 5 p. in-4, avant la lettre, gravées par Marais, Tardieu et autres. Superbes ép., 6 exemplaires.

1046 — La même suite avec la lettre chine, 4 exemplaires.

1047 — La même suite avec la lettre blanc, 5 exemplaires.

1048 **La Fontaine.** Fables, 75 figures sur bois, par *Godard*, d'ap. *Constant Viguier*, exemplaire sur chine, plusieurs à la feuille, édition Crapelet. Cartonné.

1049 **La Fontaine.** Fables, bois gravés sur les dessins de *Grandville*, 118 p., 1re série, chine fixé, 2 sujets manquent, le chat, la belette et le petit lapin, le savetier et le financier et 3 sont sur blanc.

1050 — La même suite, 120 p. sur bois, papier blanc 1er tirage, formant le tome 3e.

1051 — La même suite, 120 p. sur bois, papier de chine volant, 1er tirage, formant le tome 3e, 2 exemplaires.

1052 — Fables, 240 sujets sur bois, de *Grandville*, un sujet pour chaque fable et 12 titres. Faux titres, lettres ornées, culs-de-lampe, 2 exemplaires

1053 **La Fontaine.** Fables, sur bois gravés sur les dessins de *Grandville*. 120 p. papier blanc, 1er tirage formant le tome 3.

1054 — 118 bois sur les dessins de *Grandville* première série, grand in-8, chine. 2 sujets le Chat et la Belette et le petit Lapin, le Savetier et le Financier, manquent et 3 p. sont sur blanc.

1055 **La Fontaine.** Contes lithog. in-8, d'ap. *Hersent*. 9 p. sur chine grand papier. 3 exemplaires.

1056 — Le même sur blanc. 5 exemplaires.

1057 **La Fontaine.** Portrait et 12 vignettes d'ap. *Tony Johannot* pour les œuvres, superbes ép. avant la lettre sur chine, 12 eaux-fortes, en tout. 25 p. grand papier. 4 exemplaires.

1058 — La même suite avant la lettre sur blanc et les eaux-fortes. 25 p. grand papier.

1059 **La Fontaine.** Fables par *S. Leclerc*, 41 p. Labyrinthe de Versailles, animaux représentant les fables d'Esope et de La Fontaine.

1060 **La Fontaine.** Contes d'ap. *Marillier* 8 vignettes, a plusieurs sujets à la feuille, in-8, grand papier, 12 exemplaires.

1061 **La Fontaine.** Œuvres complètes d'ap. *Moreau*, Me de la Sablière, la Maison de la Fontaine. 28 p. à l'eau-forte. Superbe suite de toute rareté. grand papier.

1062 — La même suite d'ap. *Moreau*, avec M. de la Sablière, La Fontaine lisant une fable, Psyché sur le pont de bois par *Leguay*, les deux Pigeons par deux graveurs différents. 30 p. avant la lettre grande marge la plus belle suite que l'on puisse trouver, 2 exemplaires.

1063 — La même suite in-8, avant la lettre tirage de 1814, 3 exemplaires.

1064 — La même suite de *Moreau*. 27 p. avec la lettre tirage de 1814.

1065 — La même suite. 27 p. sur chine avant et avec la lettre, tirage de 1822 grand papier.

1066 — La même suite. 27 p. sur chine avec la lettre tirage de 1822, grand papier.

1067 — La même suite. 28 p. avant lettre sur blanc grand papier. tirage de 1822.

1068 — La même suite. 28 p. avant la lettre, tirage de 1822.

1069 — La même suite de 27 p. avant la lettre premier et deuxième tirage, chine et blanc.

1070 — La même suite. 26 p. avec la lettre, 1822.

1071 **La Fontaine.** Amours de Psyché. 9 p. d'ap. *Moreau*. Superbes ép. avant la lettre grand in-18, rare.

1072 — La même suite. 9 p. gr. in-18, avec la lettre 1er tirage; 12 exemplaires.

1073 **La Fontaine.** Psyché et Adonis d'ap. *Moreau* le jeune et gravées par *Delvaux*. 9 p. remargées comme chine gr. pap. 8 exemplaires, une suite est à clairevoie.

1074 **La Fontaine,** Amours de Psyché d'après *Desenne*. 5 p. avant la lettre remargées comme chine grand papier.

1075 **La Fontaine,** Fables, éditions Nepveu. 60 p. d'ap. divers artistes sur chine très-grand in-8.

1076 **La Fontaine.** Fables, d'ap. *Oudry.* 276 p. in-8 par *Punt* et *Vinkeles* et le portrait bel exemplaire.

1077 **La Fontaine.** Fables. d'ap. *Percier*, in-8, en travers. 12 p. gravées par *Girardet*, 2 exemplaires.

1078 **La Fontaine.** Fables, par *Perdoux* 16 p. remargées comme chine grand papier vélin.

1079 — La même suite de 16 p. in-8. 7 exemplaires.

1080 **La Fontaine.** Psyché, d'ap. *Raphaël* gravées au trait par Dubois et Marchais. 32 p. in-4.

1081 **La Fontaine.** Réunion de vignettes diverses pour former une illustration, tirées de suites anciennes et modernes anglaises et françaises avant et avec la lettre chine et blanc. 55 p.

1082 **La Fontaine.** Portrait de Bertonnier, Ficquet, Ingouf, Hopwod, Tardieu et autres, M. de la Sablière. 52 p. quelques doubles.

1083 **Lamartine.** Édition de 1823. d'ap. *Desenne.* 4 p. in-8. Avant la lettre sur chine et 3 eaux-fortes sur chine, en tout. 7 p. gr. papier.

1084 — La meme suite. 4 p. avant la lettre sur chine, Superbes ép. tirage, in-4.

1085 **Lamartine.** Edition de 1826. d'ap. *Desenne.* 6 p. in-8, eaux-fortes, avant la lettre sur blanc, et avec la lettre sur chine. 18 p. gr. papier.

1086 **Lamartine.** Dap. *Johannot.* 4 p. in-8 avant la lettre sur chine, les eaux fortes, la duchesse de Berry avec ses enfants, avant la lettre sur chine en tout. 9 p. marge in-4.

1087 **Legouvé.** Œuvres, mérite des femmes, souvenirs, etc. 7 p. d'ap. *Desenne.* Superbes ép. avant lettre sur chine grand papier.

1088 **Le Sage.** Gil-Blas, *édition Bertin.* 7 p. in-12, remargées comme chine, grand papier.

1089 — La même suite, 7 p. papier ordinaire, 6 exemplaires.

1090 **Le Sage.** Gil Blas, d'ap. *Desenne.* 9 p. in-8. avant la lettre, grand in-8, une ép. est sur chine.

1091 **Le Sage.** Gil Blas, d'ap. *Bornet,* Charpentier et D. Bertaux. 100 p. dont 2 portraits. Belles ép. avant et avec la lettre, tirage, gr. in-8.

1092 — La même suite avec la lettre. 100 p. grand papier.

1093 **Le Sage.** Gil Blas, d'ap. *Monnet.* 29 p. in-12. Belles ép. avant la lettre grand papier. Rare.

1094 **Le Sage.** Gil Blas, d'ap. *Smirke.* 24 p. Superbes ép. avant la lettre sur chine, gr. pap.

1095 **Longus.** Daphnis et Chloé. 9 p. in-4. d'ap. *Prudhon* et *Gérard* gravées par *Godefroy, Roger* et autre. Superbes ép. avant la lettre. grand papier. 4 exemplaires.

1096 **Vieux Conteurs** XVe siècle. Cent nouvelles nouvelles. 8 p. par *Girardet,* avant toutes lettres Rares. 3 exemplaires

1097 **Marguerite.** Reine de Navarre. Heptameron, d'ap. *Freudeberg.* 74 p. édition de Berne. Belles ép. grand papier de chine volant.

1098 — La même suite de 74 p. Belles ép. grand papier édition de Berne, 4 exemplaires.

1099 **Millevoie.** Œuvres d'ap. *Deveria.* 6 p. gravées par *A.* et *T. Johannot*, etc, avant la lettre sur blanc, tirage gr, pap. 6 exemplaires.

1100 **Milton.** Le Paradis perdu d'ap. *H. Richeter.* 25 p. Superbes ép. in-4. gr, pap. Rare.

1101 **Molière** Œuvres. Vignettes, in-8, imitation de Boucher. 34 p. remargées comme chine. grand in-8.

1102 — Œuvres, d'ap. *Brissart*, in-12. 31 p.

1103 — D'ap. *Brissart*, le portrait par *B. Audran.* 32 p. remargées comme chine, gr. in-8.

1104 — D'ap. *Brissart*. 30 p. remargées. grand in-8.

1105 **Molière**. d'ap. *Chasselat*. 12 p. in-8, 4 exemplaires.

1106 **Molière**. D'ap. *Daucher* avec le portrait de Castelli, 34 p. gravées pour une traduction italienne remargées à chassis. Belles ép. rares

1107 **Molière**. D'ap. *Desenne*, in-12. 20 p. avant la lettre sur chine marge grand in-8, 2 exemplaires.

1108 — La même suite sur blanc avant la lettre. 21 p.

1109 **Molière**. D'ap. *Desenne*, in-8. 19 p. avant la lettre sur chine. Superbes ép. 1er tirage, grand papier. 4 exemplaires.

1110 **Molière**. Types des principaux personnages de ses comédies d'ap. *Geffroy* des Français, 20 p. grand in-8, coloriées.

1111 **Molière**, par *Harrewyn* in-8, 32 p. remargées, grand pap.

1112 **Molière**. Suite de 6 fleurons d'ap. *Moreau*, pour l'édition de 1773, marges in-4.

1113 **Molière**. D'ap. *Moreau* réduction in-12, d'ap. les vignettes de 1773. 33 p.

1114 **Molière**. D'ap. *Moreau*, première suite. 34 p. ép. retouchées, tirage grand papier. 3 exemplaires.

1115 **Molière**. D'ap *Moreau*, deuxième suite, in-8. 31 p. Superbes ép. avant la lettre grand papier. Très-rares, 2 exemplaires.

1116 — La même suite. 31 p. grand in-8. Belles ép. du 1er tirage avec la lettre.

1117 — La même suite. 31 p. sur chine tirage, in-4.

1118 — La même suite. 31 p. grand in-8, 4 exemplaires.

1119 **Molière**. D'ap. *Horace Vernet*, *Hersent*. 18 p. in-8. eaux-fortes pures grand papier, le portrait n'existant pas à l'état d'eau-forte on a ajouté celui de *Pourvoyeur*.

1120 — La même suite avant la lettre papier blanc gr. pap. on a ajouté le bourgeois gentilhomme et les fourberies de Scapin, le Tartuffe par *Johannot* et l'école des maris par *Blanchard* et *Muller* se trouvent repétées avec différences, en tout. 21 p. dont 13 d'ap. Horace.

1121 — La même suite de 21 p. avec les 2 vignettes complémentaires, le Bourgeois gentilhomme et les fourberies de Scapin. Très-rares. Le Tartuffe et l'école des maris doubles avec différences. Superbes ép. avant la lettre sur chine, marges in-4.

1122 **Molière.** Portraits différents et vignettes diverses pour ses œuvres. 43 p.

1123 **Morel de Vindé.** Zelomir d'ap. *Lefevre.* 6 p. avant la lettre et les eaux-fortes. 12 p. 2 exemplaires.

1124 — La même suite. 6 p. avant la lettre. 4 exemplaires.

1125 — Primerose, d'ap. *Lefevre.* 6 p. avant toute lettre coloriées et les eaux-fortes en noir. 12 p.

1126 — La même suite avant la lettre avec les noms d'artistes. 6 p. et les eaux-fortes. 12 p. 2 exemplaires.

1127 **Prévost.** (Abbé). Manon Lescaut d'ap. *Desenne.* 4 p. avant la lettre et eaux-fortes. 8 p. in-12. 5 exemplaires.

1128 — Manon Lescaut d'ap. *Desenne*, 4 fleurons avant la lettre et eaux-fortes sur chine, une grande vignette in-8, sur chine d'ap. *Desenne* et une vignette d'ap. *Marillier.* 10 sujets sur 6 feuilles.

1129 — Manon Lescaut, d'ap. *Johannot.* 20 p. sur bois 1er tirage sur chine avant la lettre.

1130 — Manon Lescaut d'ap. *Lefebvre.* ép. et contre-épreuves. En tout 16 p.

1131 **Pope.** Essai sur l'homme, 5 vignette, in-4. d'ap. *Uwins* par *Heath* et autres, superbes ép. avant la lettre sur chine grand papier.

1132 **Rabelais.** Songes drolatiques édition Bastien. 76 p.

1133 **Rabelais.** Œuvres d'ap. *Deveria*, 13 eaux-fortes sur chine grand papier.

1134 — D'ap. *Deveria* 12 p. avant la lettre, sur chine grand papier. 7 exemplaires.

1135 — La même suite. 12 p. avant la lettre sur blanc, 5 exemplaires.

1136 — La même suite. 12 p. avec la lettre chine.

1137 — La même suite. 12 p. avec la lettre blanc. 4 exemplaires.

1138 **Rabelais.** Songes drolatiques. 60 p. par *Malapeau*. 1797. Rare.

1139 **Rabelais** de *Thompson*. 14 p. d'ap. *Desenne* et autres in-12, chine volant, 5 exemplaires.

1140 — La même suite remargé grand papier.

1141 **Racine** (*J.*). Œuvres d'ap. *Chauveau*. 12 p. in-12 par Scotin.

1142 — La même suite remargée comme chine. 12 p. grand in-8, sans aucun noms d'artiste.

1143 — Fleurons de titres gravés par *Choffard* 7 p. dont 6 avant la lettre, grand in 8.

1144 **Racine.** Œuvres d'ap. *Desenne* 13 p. in-12, gravées par *Girardet* Superbes ép. avant la lettre chine marge. Très-grand in-8. Très-rare.

1145 — La même suite par *Girardet*. 13 p. in-12, ép. d'eaux-fortes. Très-rare il n'a été tiré que 25 ex. 5 exemplaires.

1146 — La même suite par *Girardet*. 13 p. in-12. Très-belles ép. avant la lettre. Rare. 5 exemplaires.

1147 — La même suite avant la lettre. 13 p. remargées comme chine très grand in-8, 2 exemplaires.

1148 — La même suite, avec la lettre, 13 p. in-8, 7 exemplaires.

1149 — La même suite avec la lettre. 13 p. remargées comme chine marge très-grand in-8.

1150 **Racine**. Œuvres, d'ap. *De Seve*, 12 p. in-12 gravées par *Fessard* et le portrait par *Cathelin*. 2 exemplaires. Superbes ép.

1151 **Racine**. Œuvres, édition de Furne 13p. d'ap. *Desenne*, *Girodet*, etc, ép. avant la lettre grand papier.

1152 — La même suite 13 p. avec la lettre.

1153 **Racine**. Œuvres d'ap. *Garnier*. 13 p. gravées par *Choffard Masquelier*, etc. Belles ép. avant la lettre grand papier 3 exemplaires.

1154 **Racine**. Portraits types des personnages des tragédies d'ap. *Geffroy* du Théâtre-Français. 20 p. très-grand in-8 sur papier de Chine.

1155 — La même suite, très-grand in-8. 20 p. coloriées et rehaussées d'or.

1156 **Racine**. Œuvres, par *Harrewyn*. 13 p. in-12 remargées comme chine, gr. in-8.

1157 **Racine**. Œuvres, d'ap. *Le Barbier*. 13 p. in-8, superbes ép. avant la lettre, tirage in-4, très-rare. 2 exemplaires.

1158 **Racine.** Œuvres, d'ap. *Monnet*. 12 p. in-12, remargées comme chine gr. in-8.

1159 **Racine.** Œuvres, d'ap. *Moreau*. 1re suite. 13 p. in-8. 4 exemplaires.

1160 — Œuvres, d'ap. *Moreau*. 2e suite. 13 p. in-8. belles ép. avant la lettre, très-rare.

1161 — La même suite. 12 p. eaux-fortes pures, épuisées depuis longtemps.

1162 — La même suite in-8. 12 p. ép. premier tirage.

1163 — La même suite. 12 p. très-belles ép., grand in-8.

1164 **Racine.** Œuvres, par *Tanjé*. 12 p. remargées comme chine, gr. in-8.

1165 **Racine.** Œuvres, gravé par *Velyn*. Édition Didot gr. in-8, une vignette pour chaque acte. 57 p. d'ap. Chaudet, Gérard, Girodet, Moitte, Prudhon, Taunay, etc. Belles ép. avant la lettre, chine.

1166 — La même suite. 57 p. avant la lettre blanc, grand papier; cette collection peut servir à toutes les éditions de Racine. Grand papier. 3 exemplaires.

1167 — La même suite, par *Velyn*. Superbes ép. avant la lettre, grand in-8 jésus, tirage in-4, pouvant entrer dans l'édition du Dauphin. 3 exemplaires.

1168 **Racine** père et fils, par Bertonnier, Duflos, Ethiou, Saint-Aubin et autres. 95 p. des doubles.

1169 **Regnard.** Œuvres, vignettes, d'ap. *Borel* et le portrait. 12 p. dont 4 avant la lettre, grand papier, superbe exemplaire.

1170 — Œuvres, vignettes d'ap. *Desenne*, par les meilleurs graveurs. 13 p. superbes ép. sur chine avant toute lettre et les 13 eaux-fortes sur chine. 26 p. grand papier, magnifiques. 5 exemplaires.

1171 — Le même, lettres grises sur chine. 13 p. superbes ép. grand papier. 3 exemplaires.

1172 — Œuvres, d'ap. *Devéria*. 8 p. avant la lettre, 8 eaux-fortes in-8 et le portrait. 17 p. grand papier.

1173 — La même suite avant la lettre, petit papier, et les eaux-fortes. in-8. 17 p. 2 exemplaires.

1174 **Regnard.** Œuvres, d'ap. *Moreau* le jeune. Portrait et vignettes. 8 p. lettres grises, toute marge.

1175 — Le même, petite marge. 8 p. lettres grises.

1176 — Le même, 9 p. Le Retour imprévu avant et avec la lettre.

1177 — Le même, 9 p. Le Retour imprévu, avant la lettre — les Folies amoureuses, avant et avec la lettre.

1178 **Regnard.** Réunion de portraits différents, 10 et 2 de Dufrény.

1179 — Réunion de portraits différents, par Ficquet, Ingouf, Hopwood, Leroux, Tardieu et autres, et 3 Dufreny. En tout 21 p.

1180 **Richardson**. Clarisse Harlowe, par *Chodowiecki*. 21 p. in-8, belles ép. avant la lettre, rares.

1181 — Clarisse Harlowe. 21 p. in-18 d'ap. *Marillier*, avant la lettre.

1182 **Rousseau** (J.-B.). Œuvres, d'ap. *Lafitte*. 9 p. grand in-8 avant la lettre, on a ajouté. En tout 16 p. Superbe suite.

1183 — La même suite, 8 vignettes seulement avant la lettre, grand in-8. Le portrait manque.

1184 — La même suite. 9 p. avec la lettre grand in-8.

1185 **Rousseau** (J.-B.). Réunion de portraits par Anselin, Bertonnier, Delvaux, Duflos, Ficquet, Géraut, Taurel, etc, avant et avec la lettre. 26 p.

1186 **Rousseau** (J.-J.). Œuvres. Édition *Armand Aubré*, d'ap. Johannot, Devéria. Burdet. 15 p. sur chine très-grand in-8. 3 exemplaires.

1187 — La même suite de 15 p. sur blanc. 8 exemplaires.

1188 **Rousseau** (J.-J.). 6 vignettes d'ap. *Cochin*, 1780, petit in-4, gravées par Choffard, Delaunay, Duclos, Helman. Prevost.

1189 — La même suite avec 2 eaux-fortes. 8 p.

1190 **Rousseau** (J.-J.). 35 vignettes petit in-fol. d'ap. Cochin, Le Barbier, Monsiau, gravées par Choffard, Delvaux, Halbou, Le Mire, Trière et autres ; très-belles ép. avant la lettre. Exemplaire très-rare de cette condition.

1191 **Rousseau** (J.-J.). Œuvres, d'ap. *Desenne*. Édition Lefèvre. 18 p. à l'eau-forte; il manque 2 p. Le portrait se trouve à deux états différents.

1192 — La même suite. 19 p. gr. in-8 avant la lettre sur chine, et 2 Habitations sur blanc. 21 p.

1193 — La même suite. 19 p. avant la lettre gr. in-8 sur chine. 2 p. sont sur blanc.

1194 — La même suite. 19 p. gr. in-8 avant la lettre sur blanc.

1195 **Rousseau** (J.-J.). Œuvres, d'ap. *Devéria*. 42 eaux-fortes, suite magnifique sur chine, tirage petit in-fol.

1196 — La même suite de 42 eaux-fortes sur chine, très-grand in-8. 4 exemplaires.

1197 — La même suite de 42 eaux-fortes sur blanc, gr. in-8.

1198 — La même suite. 42 p. d'ap. *Devéria*. Magnifique exemplaire avant la lettre sur chine, petit in-fol.

1199 — La même suite. 42 p. avant la lettre sur chine, tirage in-4. 3 exemplaires superbes.

1200 — La même suite. 42 p. avec la lettre sur chine, très-grand in-8. 3 exemplaires.

1201 — La même suite. 42 p. avec la lettre sur blanc, très-grand in-8. 3 exemplaires.

1202 **Rousseau** (J.-J.). La Nouvelle Héloïse, d'ap. *Gravelot*. 12 p. pour l'édition originale. 2 exemplaires.

1203 — La même suite, grand papier. 12 p. 2 exemplaires.

1204 — La même suite. 12 p. remargées comme chine, grande marge.

1205 **Rousseau** (J.-J.). Œuvres complètes, d'ap. *Marillier*, ép. avant la lettre in-18. 27 p. 3 exemplaires.

1206 — La même suite. 27 p. remargées comme chine, marge grand in-8.

1207 **Rousseau** (J.-J.). Œuvres, d'ap. *Le Barbier*, *Moreau* et autres. 60 p. gr. in-8 gravées par *Dupreel* en 1801. Édition Bozerian, 5 exemplaires.

1208 — La même suite avec les 4 portraits. 64 p. 2 exempl.

1209 **Rousseau** (J.-J.). Œuvres. 86 vignettes et portraits d'ap. *Moreau*, Monnet, Marillier, Le Barbier, Cochin, gravées en 1786 par les meilleurs graveurs, grand in-8. Charmants frontispices d'ap. *Marillier*, belles ép. 2 exemplaires.

1210 **Rousseau** (J.-J.). Œuvres, d'ap. *Moreau* le jeune et autres. 38 p. in-4, la plus grande partie avant la lettre où avant le numéro, gravées de 1776 à 1779. 2 exemplaires.

1211 — Nouvelle Héloïse. 5 vignettes d'ap. *Prudhon*, gravées par *Copia*. 2 exemplaires; il manque une pièce, il en faut 6.

1212 **Rousseau** (J.-J.). Vues des différentes habitations, portrait et fac-simile. 13 p. lithog. Paris, 1819. avec texte et in-4 broché.

1213 — Réunion de portraits de Rousseau, sujets et vignettes pour ses œuvres, pièces curieuses. 97 p. 2 lots.

1214 **Sévigné** (Lettres de Mme de). *Édition de Blaise*, portraits par *Dien*, *Masquelier*, Habitations, fac-simile, 34 p. 3 exemplaires.

1215 **Sévigné** (Mme de). Son portrait et ceux de sa famille et amis. In-8, d'ap. *Devéria*. 25 p. à l'eau-forte sur chine, tirage in-4.

1216 — La même suite à l'eau-forte sur blanc. 25 p., tirage in-4. 3 exempl.

1217 — La même suite. 25 p. avant la lettre sur chine, tirage in-4. 2 exempl.

1218 — La même suite. 25 p. avant la lettre sur blanc, tirage in-4. 2 exempl.

1219 **Swift.** Voyage de Gulliver, d'ap. *Lefebvre*. 10 p. gravées par Masquelier, avant la lettre, et 10 p. avec la lettre, texte français. 20 p. sup. ép., tirage grand in-8.

1220 — La même suite avant la lettre et la suite avec le texte anglais. 20 p. in-8. 2 exempl.

1221 **Tasse** (le). Jérusalem délivrée. 20 p. in-8 en travers, dessinées et gravées par *Adam*, avant la lettre sur chine, grand papier. 2 exempl.

1222 **Tasse.** Jérusalem délivrée, d'ap. *Bergeret*, *Chasselat*, *Desenne*. 4 p. eaux-fortes, avant la lettre chine et avec la lettre blanc. 12 p. gr. papier. 2 exempl.

1223 — La même suite. 12 p. grand papier blanc.

1224 **Tasse.** Jérusalem délivrée. 20 p. in-12 et le portrait d'ap. *Chasselat*, par *Delvaux*. En tout, 21 p., tirage in-8 avant la lettre sur blanc.

1225 **Tasse.** Jérusalem délivrée, d'ap. *Cochin.* 41 p. in-4, eaux-fortes pures gravées par Saint-Aubin et autres, grand papier.

1226 **Tasse.** Jérusalem délivrée d'ap. *Gravelot.* 20 p. in-8. On a joint 20 portraits-fleurons d'après *Gravelot*, gravés par *Leroy*, ép. avant la lettre. rares. En tout 40 p.

1227 **Tasse.** Jérusalem délivrée. 21 p. dessinées et gravées par *Lapi*, à Livourne, 1777. Pet. in-12, bonnes ép.

1228 **Tasse.** Jérusalem délivrée, d'ap. *Le Barbier.* 21 p. in-8 gravées par *Delvaux. Delignon* et autres. Superbes ép. avant la lettre, tirage in-4.

1229 — La même suite. 20 p. à l'eau-forte pure, tirage in-4. Le portrait n'existe pas à l'état d'eau-forte.

1230 **Virgile** de Heine, publié en 1800. 204 p. gr. in-8, tirées avant la lettre et hors texte. Superbe suite très-rare en cet état, de la collection Labédoyère.

1231 — La même suite, collection Renouard.

1232 **Virgile.** Œuvres complètes d'ap. *Moreau* et *Zocchi.* 18 p. in-8 avant la lettre, grand papier marge in-4, 2 exempl.

1233 — La même suite. 18 p. avec la lettre, grand papier, très-belles ép.

1234 **Walter Scott.** Œuvres, d'ap. *Alfred* et *Tony Johannot.* 33 vignettes avant la lettre sur blanc, tirage in-fol., ép. splendides. On a joint les 33 eaux-fortes sur blanc, tirage grand in-4. 66 p., 3 exempl.

1235 — La même suite, de 33 p., avec la lettre chine et les 33 eaux-fortes sur blanc, très-grand in-8. 66 p., 2 exemplaires.

1236 — La même suite, de 33 p., avec la lettre blanc et les 33 eaux-fortes sur blanc. grand in-8. 66 p., 3 exempl.

1237 **Walter Scott.** Œuvres, Fleurons, par *Johannot.* 84 p. à 2 à la feuille, superbes ép. chine avant la lettre, ép. d'artistes rares, tirage petit in-fol.

1238 — La même suite, les feuilles coupées en deux. 84 p. superbes ép. d'artistes, chine, avant la lettre, gr. in-8, rare.

1239 **Walter Scott.** Œuvres, Vues d'Écosse. *Édition Furne,* 15 p. avant la lettre, magnifiques ép., tirage in-fol. 2 exemplaires.

1240 — La même suite, avec la lettre. 15 p. gr. in-8 sur blanc. 2 exemplaires.

1241 **Walter Scott.** Titres, Fleurons pour la nouvelle édition *Furne.* 30 p. par divers artistes, grand papier.

1242 **Walter Scott.** *Édition Gosselin.* 84 p. d'ap. Desenne, Johannot, E. Lami, épreuves avant et avec la lettre chine et blanc, grand in-8, belle suite.

1243 **Walter Scott.** *Édition Pourrat.* 90 vignettes, portraits, vues, titres, d'ap. *Raffet, Marckl,* et autres. ép. avant et avec la lettre chine et blanc, pour la traduction Vivien. 3 exempl.

1244 **Walter Scott.** Vignettes anglaises, d'après *Stothard* et autres. 6 p. pour les romans, in-12.

1245 — Vignettes anglaises, d'ap. *Stothard, Westall,* etc. 24 p. in-8 pour les romans.

1246 **Walter Scott.** Réunion de 117 vues d'Écosse pour les Œuvres, in-8 d'ap. *Pernot* et autres.

1247 **Walter Scott.** Vues d'Écosse d'après nature, lithog. par *F. Nicholson.* 24 p. sur chine, grand in-8.

1248 — La même suite sur blanc. 24 p. grand in-8.

1249 **Walter Scott.** Cartes, d'ap. *Perrot.* 27 p. gravées par Tardieu pour les Œuvres, gr. in-8 sur chine.

1250 **Walter Scott.** Portraits des personnages célèbres cités dans les Œuvres. 7 livraisons, 28 portraits gravés en Angleterre, 1832, grand in-8.

1251 **Walter Scott.** Vignettes anglaises et françaises. 60 p. in-8 pour les romans.

1252 **Walter Scott.** Portraits différents, sa famille, vignettes pouvant servir à ses illustrations. 26 p.

1253 **Walter Scott.** Portraits differents, très-belles ép. sur chine avant et avec la lettre. 5 p.

1254 **Voltaire,** d'ap. *Moreau.* 1re suite, édition de Kehl. 108 p. in-8, 1783-88.

1255 **Voltaire.** Poëme de Jeanne d'Arc, d'ap. *Marillier*, *Monnet*, *Monsiau*, et le portrait de Jeanne d'Arc, par *Gaucher.* 22 p. avec les cadres in-4, tirage petit in-fol. 4 exempl.

1256 Vignettes diverses et Portraits d'ap. *Desenne* et autres. 68 p. eaux-fortes pures, grand in-8.

Renou et Maulde, imprimeurs de la Compagnie des Commissaires-Priseurs, rue de Rivoli, 144. 3256

76	Étranger	17 65
282	France [illegible]	33 86
42	Paris Banlieue	5 04
40		4 80
24		2 88
18		2 16
		66.37
320	Laisgnes	16
159	1/4 [illegible] 10	15 90
32	1/2 à 15	4 80
23	feuilles à 25	5 75
10	Mains chemise	15
1111	Voyages et hôtel	10
	Honoraires	1246 35
	Moniteur	69
		1449-15

15 % environ

[illegible] au Moniteur universel 13 avril 1870 — 27
annonces 2 Mai — 42
69

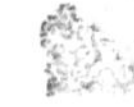

LA VENTE

DES LIVRES

ET

ILLUSTRATIONS

De M. DURAND jeune, Libraire

AURA LIEU

Le Lundi 16 Mai 1870 et jours suivants

A SEPT HEURES DU SOIR

Par le ministère de Me DELBERGUE-CORMONT, Comm.-Priseur,

Assisté de M. Henri LABITTE, Libraire, rue de Lille, 4,

Chez lequel se distribue le Catalogue.

Renou et Maulde, imprimeurs de la Compagnie des Commissaires-Priseurs
rue de Rivoli, 144. 3256

www.ingramcontent.com/pod-product-compliance
Ingram Content Group UK Ltd.
Pitfield, Milton Keynes, MK11 3LW, UK
UKHW020242220726
13923UKWH00002B/783

9 782019 308049